はじめに

　本書は，大学生や高専生が学ぶべき数理・データサイエンス・AI の基礎を扱っています。何故，今，数理・データサイエンス・AI について，学ぶ必要があるのでしょうか？　また，AI という言葉は最近，いろいろな所でよく聞くことが多いと思いますが，それは一体何なのでしょうか？

　『シン・ニホン』[41] において，著者の安宅氏は AI（Artificial Intelligence, 人工知能）について次のように述べています。

> 「現代（2010 年代末）において「正しい AI の理解とは何か」といえば，速い計算環境，もしくは計算機（コンピュータ）に，情報を処理したりパターン学習したりするための情報科学技術（アルゴリズム群）を実装し，最終目的に則した膨大な訓練を与えたものだ。訓練には，通常かなりの量のデータが必要なので，言ってみれば計算機×アルゴリズム×データ＝ AI ということになる。データと AI は表裏一体なのだ。」

　現在では，上記の AI の 3 つの要素が著しく進化し，AI が様々な分野で活用されるようになっていますが，安宅氏は，さらに「すべての産業がデータ× AI 化する」と述べています。「データ× AI」は我々人類が現在直面している「第 4 次産業革命」の根幹をなす部分であり，数学や統計学はその基盤をなすものです。安宅氏はこの第 4 次産業革命において，日本が米国や中国に大きな後れを取っていることを指摘し，そして『シン・ニホン』で日本の再生の道筋を，様々な角度から提案しています。

　政府は AI 戦略 2019（令和元年 6 月統合イノベーション戦略推進会議決定）を定めました [65]。そこには，AI ×データを取り巻く，国際的な競争の激しさを踏まえて，我が国が Society 5.0 を目指し，世界規模の課題（SDGs）の解決に貢献するための戦略が述べられています。その中で，「我が国が，人口比ベースで，世界で最も AI 時代に対応した人材育成を行い，世界から人材を呼び込む国となること。さらに，それを持続的に実現するための仕組みが構築されること」が，戦略目標 1 として掲げられていますが，さらに「リテラシー教育として，文理を問わず，すべての大学・高専生（50 万人卒/年）が，課程に

て初級レベルの数理・データサイエンス・AI を習得する」ことが提言されました。

　これに呼応して，東京大学を幹事校とする数理・データサイエンス教育強化コンソーシアムから，2020 年 4 月に「数理・データサイエンス・AI（リテラシーレベル）モデルカリキュラム〜データ思考の涵養〜」[66] が発表されました。本書は，このモデルカリキュラムに沿って，数理・データサイエンス・AI の基礎を学ぶことを目指しています。

　各章の内容を簡単に見てみましょう。第 1 章から 3 章では，モデルカリキュラムのコアの部分をなす「導入」，「基礎」，「心得」について扱っています。第 4 章，5 章では，モデルカリキュラムでオプションとしてあげられているものから，データ解析の基礎である「確率と統計」と，近年の AI の主流である機械学習を実践的なデータサイエンスと絡めて解説しています。

　第 6 章，7 章，8 章は，モデルカリキュラムを離れて，社会における数理・データサイエンス・AI というテーマで，それぞれの分野で最先端で活躍されている方々に解説していただきました。これは，神戸大学で主に新入生向けに開講されたデータサイエンス科目での講義の内容を基にしていますが，すばる望遠鏡の画像を用いた超新星の自動検出，顔認証技術，エネルギー需要予測，運転中にレストランを推薦してくれるカーナビなど，様々な分野でデータと AI が活用されていることが紹介されています。データ× AI の可能性を実感していただければと思います。

　文系・理系を問わず数理・データサイエンス・AI の基礎を学ぶことが大学・高専における新しい教養となりつつあるこれからの時代において，本書がひとつの道しるべとなれば幸いです。

2021 年 2 月

神戸大学 数理・データサイエンスセンター長

齋藤 政彦

目　　次

第3章　データ・AI を扱う上での留意事項　　　　81

第4章　確率と統計　　　　97

第 8 章　社会における数理・データサイエンス・AI (3)
——人工知能技術と社会実装の取り組み　　　185

1

社会におけるデータ・AI 利活用

> 「SF 作家が書いてきたとおり，機械が人間にどんどん近くなって，ある日突然，すべてのことで人間を超えていたなんてことが起きるとは思っていません。機械はあることでは，人間よりもはるかに優れていますが，他のことではまるで劣っているからです。」
>
> ——アジェイ・アグラワル〈 Ajay Agrawal 〉
> トロント大学ロットマン経営大学院教授で創造的破壊ラボ創設者

1.1　社会におけるデータ・AI 利活用とそのキーワード

　スマートフォンが普及し，人々は常時インターネットに接続し，その行動の履歴がビッグデータとしてネットに蓄積されています。人だけではなく，様々な機器にセンサーが付けられ，インターネットに接続されています。いわゆる Internet of Things（IoT，モノのインターネット）を通してもデータが蓄積されていて，膨大な量になり，ここからもビッグデータが蓄積されます。インターネットの通信速度，スマートフォン，タブレット，ノートパソコンなどの性能も飛躍的に向上し，ビッグデータを処理し，解析する基盤も整備されています。ビッグデータの見える化，予測，意思決定，異常検知，最適化を自動的に行う人工知能（AI）技術が様々な領域で活用されるという「デジタル社会」が到来しているのです。ここで学んでいく「数理・データサイエンス・AI」に関する知識は，デジタル社会の「読み・書き・そろばん」と言われています。

　本章では，まず，これらの新しいデジタル社会における「社会におけるデータ・AI 利活用」について説明します。スマートフォンから自動車の自動運転まで，身近な生活の中で AI 技術やデータ分析がどう活かされているか学んでいきます。

1

1.1.1　社会で起きている変化

　皆さんは，人工知能（AI）のことをどれくらい身近に感じているでしょうか？　AI がどのような技術なのか，現在どのように使われているかということは，後ほど詳しく述べますが，例えばスマートフォンやノートパソコンで使われている顔認証は画像認識の技術が使われており，スマートスピーカーやiPhone の Siri などは音声認識の技術が使われています。これらはすべて AIの技術を使っています。また，今，話題になっている自動運転などにも，AI は欠かせない技術です。将棋や，囲碁の人間のチャンピオンと戦って AI が勝利したことは，衝撃的でしたが，それ以外にも CT や内視鏡の画像を AI が診断して，がんの早期発見に使われています。本書の第6章，第7章，第8章に現在，社会のいろいろな場面でどのように AI が活用されているかが説明されていますので参考にしてください。

　AI は社会に広く浸透してきており，これからも AI の利活用は爆発的に進むと予想されていますし，現在，様々な研究開発が進んでいます。

　AI を活用するためには，画像データ，音声データ，対戦データ，走行データなどの様々なデータが必要です。データを正しく処理し，解析し，問題解決や価値創造に結びつけるデータサイエンスは，新しい学問として注目されています。AI はデータサイエンスと一緒になって発展した技術の側面が強いですが，また，それらを正しく理解する基礎として数学や統計学も大切です。数理・データサイエンス・AI を日常の生活，仕事の場で使いこなす基礎的な素養を身に付けることが本書の目的ですが，まずここでは，データ社会における重要なキーワードである「ビッグデータ」，「IoT」，「AI」，「ロボット」について確認しておきましょう。

1.1.2　ビッグデータ，IoT，AI，ロボット

　現在は，ビッグデータの時代と言われています [59]。世界中で，毎日どれくらいのメールが送受信されるでしょうか？　また，毎日どれくらいの写真がインスタグラムや，Facebook に投稿されるでしょうか？　皆さんが，想像しきれないくらい大量のデータがスマートフォンや PC を通して，インターネットを経由して蓄積されていきます。

（1）ビッグデータ

それでは，ビッグデータの定義は何でしょうか？ ビッグデータを定義するために，まずデータとはなにか，から見ていきましょう。

データとは，何らかの手段で観測・計測して，収集された記号（数字または文字）です。データの単数形「datum」，またはその複数形「data」はラテン語・イタリア語の dare（ダーレ，「与える」）が由来とされています。ラテン語 dare の「与える」という意味から，「事実や知恵を与える，共有する」，「客観的で再現性のある事実や数値」ということを意味します。

近年，データは「コンピュータが処理するもの」というイメージが強いですが，必ずしもコンピュータ分野の専門用語ではありません。例えば，ある小学生は道端に咲く花の成長記録を取りノートに記録しました。これも立派なデータです。しかし，数理・データサイエンス・AI の活用が目的である本書では，主にコンピュータが処理するデータのみを扱います。つまり，データと言えば「コンピュータを使って伝達，解釈または処理に適するように形式化されたもの」[52] を主に考えます。

ここで，データがコンピュータを使って伝達，解釈または処理に適するように形式化されるためには，そのデータがある決められた型をもった形式のファイルである必要があり，そのファイルの形式をファイルフォーマットと呼びます。例えば，文字データであれば「.txt」，静止画像データであれば「.jpg」，動画データなら「.mp4」などがあります。コンピュータはそれぞれのフォーマットに適したソフトウェアでデータを読み込み，処理を行います。

勿論，ノートに書いた花の成長記録も，PC の表計算ソフトにデータを移せば，コンピュータが扱えるデータになりますし，昔は，フィルムカメラでフィルムに焼き付けていた画像データも，スマートフォンの CCD イメージセンサーによりコンピュータで扱えるデータとなり，メールや SNS 経由で配信できます。

さて，このようなデータのうち，どのようなデータがビッグデータと言えるでしょうか？

ウィキペディアによれば，**ビッグデータ**（Big Data）とは，「一般的なデータ管理・処理ソフトウェアで扱うことが困難なほど巨大で複雑なデータの集合を表す用語」と定義されています。ビッグデータは，「様々な形をした，様々な性格を持った，様々な種類のデータのこと」[22] とも言えます。

ビッグデータは，データの量（Volume），データの種類（Variety），データ

の発生頻度・更新頻度（Velocity）の 3 つの V からなり，いずれも重要な要素です [11]。つまり，ビッグデータは人・モノの動き，環境・情報・時間の変化推移を表現するデータと言えます。それらのデータのうちの 1 件，1 件のデータはビッグデータでなくても，累積したデータは，ビッグデータとなり，活用することによって，有益な情報を生み出せます。

　身近にもビッグデータの例はたくさんあります。例えば，インターネットショッピングサイトはその 1 つです。運営会社は顧客の購買データを収集し，利用傾向を解析することによって，高精度に広告ターゲットを定めることができます。または，別の例として，大手のスーパーマーケットやコンビニエンスストアにおいてもビッグデータを収集しています。POS（Point Of Sale）というシステムを導入したレジにおいて，販売時間・販売店舗・商品名・販売価格・販売個数などが集積されます。また，スーパーマーケットやコンビニエンスストアのポイントカードなどの情報と合わせることにより顧客の情報など様々な情報も収集が可能です。この POS データも数日分であれば，Excel などの一般的なソフトウェアによる集計などでの分析が可能な量ですが，数か月間や数年間のデータが蓄積されると，Excel などのソフトウェアで分析するのは難しく，ビッグデータとして扱うことになります。このビッグデータを分析することにより，在庫管理，商品発注，需要予測，市場動向の把握，マーケティング戦略の立案などに活用できます。

問 1.1

アメリカの市場調査会社，International Data Corporation（IDC）の報告によると，2000 年時点で全世界の生成，消費されるデジタルデータの総量はおよそ 6.2 エクサバイトであり，2010 年時点で 988 エクサバイトでした。では 2020 年時点のデータ量はどのくらいありますか？ 推測してみてください（注：エクサバイト [exabyte] はデータの量やコンピュータの記憶装置の大きさを表す単位。1 エクサバイトは 10 の 18 乗，つまり百京バイトである）。

　　　a. 1800　　　b. 2000　　　c. 9800　　　d. 19000　　　e. 59000

　日本では，「ビッグデータ」という言葉が 2010 年頃から普及してきていま
す。ビッグデータという概念が生まれる以前から，自然現象やビジネスにおい
て測定した数値がデータとして活用されています。ビッグデータが普及したの
は，コンピュータやインターネットの急速な発達によるものが大きいですが，
これまで「3 つの流れ」によって発達してきました。第一の流れは「データの
デジタル化とコンピュータの高速化」，第二の流れは「インターネットの発展」，
そして第三の流れは「ビッグデータ時代のはじまり」です [21]。
　ビッグデータを構成するデータの例としては，「ウェブ配信サイトの音声・
動画」，「EC サイト（Electronic Commerce，電子商取引)」，「SNS への投稿」，
「センサーデバイスの位置・温度」，「販売システム上に蓄積されたデータ」，
「ウェブサーバーのアクセスログ」などがあります。

問 1.2

次のどれがビッグデータを取り扱うと思いますか？

　a. Yahoo 乗換案内
　b. Instagram
　c. IC チップ付きの交通カード
　d. 電子カルテ

（2）　IoT

　IoT(Internet of Things) ですが，この言葉を直訳すると「モノのインター
ネット」という意味になります。様々な「モノ」がインターネットに接続し，そ
の情報を活用しようという仕組みです。2000 年頃から提唱され，現在は様々
なモノに使われています。具体的にみると，IoT の対象となるモノは，テレビ
などの家電や温度計などの計測器から，さらには，いままでインターネットと
無縁であった，身に着ける洋服なども含まれています。これらのモノにセン
サーやカメラ，無線通信が搭載され，モノの状態や動きを感知したり，データ
を取得したりします。さらに，入手した情報はインターネットを介して人やモ
ノに伝送することが IoT の基本的な仕組みです。私たちの周りに IoT の応用
例はたくさんあります。ここで，電気ポットの例を見ていきましょう。

【IoT 活用事例】

電気ポットの使用状況を離れて暮らす家族に知らせて，安否の確認をするサービス[1]

- 離れて暮らす高齢の親が電気ポットを使う。電気ポットには無線通信機が搭載されている。
- 電気ポットの使用状況が家族の端末に送信される。電気ポットの使用状況を 1 日 2 回チェックでき，1 週間分のグラフも確認できる。
- 電気ポットの使用状況から親の生活リズムを把握することができる。変化が現れた場合などに素早く安否確認できる。

電気ポットの本来の価値は，「湯を沸かす」，「水温を維持できる」といった利便性にあります。しかし，無線通信機能を搭載することで，離れて暮らす家族の生活を見守ることができる「安否確認サービス」といった付加価値を有するようになりました。

2010 年頃から，**エッジコンピューティング**（Edge Computing）という考え方が提案されています。従来の IoT において，データがサーバーに送信され，サーバーで AI 処理した結果を端末に返す方法では，端末数が増えると通信量やサーバーでの計算量が膨大になります。エッジコンピューティングにおいては，利用者に近い端末に学習済みモデルを搭載し，その小型コンピュータに計算させます。この仕組みによって，エッジコンピューティングには，リアルタイム性を向上する，計算負荷を分散する，通信コストを削減するなどの利点があります。

（3）　AI

AI（Artificial Intelligence, **人工知能**）とは，なんでしょうか？　人間の知的活動は様々な分野におよびます。初対面の人と会ってその人の顔を覚えたり，友達と話をして，その話の意味を理解したり，気持ちを察したり，松尾芭蕉の俳句「閑さや岩にしみ入る蝉の声」を読んで，その情景を想像したりします。また，チェス，将棋，囲碁なども知的活動ですし，学習も知的活動です。

AI は，様々な人間の知的能力をコンピュータ上で実現する，様々な技術・ソフトウェア・コンピュータシステムを意味します。

---

[1] みまもりほっとライン ｜ 象印マホービン株式会社

　ただ，現在では，人間のように様々な知的活動を行う人工知能は実現していません。第 6 章に，人工知能の歴史を紹介していますが，ニューラルネットワーク，エキスパートシステム，データマイニング，機械学習，深層学習など様々な技術が導入され，特に現在は，機械学習や深層学習が注目されています。機械学習の基礎については，第 5 章で詳しく述べています。AI 技術は自動運転や会話ロボットなどに応用されています。第 6 章に，機械学習を中心とした AI の様々な利活用の例が挙げられています。また，第 7 章にあるように，大都市のインフラである水道や電気の供給の自動管理などにも使われています。また第 8 章では，Society 5.0 の実現のために，ビッグデータや AI を活用して，いかに価値を創造するかということが議論されています。

世界初の装着型サイボーグ HAL®
（サイバーダイン（株）提供）

セラピーロボット パロ
（（株）知能システム，画像：
大和ハウス工業（株）HP より）

ロボットカー Google Car
（動画「A First Drive-Google
Self-Driving Car Project」より）

災害対応ロボット Quince
（写真提供：千葉工業大学）

図 1.1 様々なロボット

（4）　ロボット

　ロボット (robot) は，人の代わりに何らかの作業を自律的に行う装置，もしくは機械のことを指します。「NEDO ロボット白書 2014」においては，センサー，知能・制御系，駆動系の 3 つの要素技術を有する，知能化した機械システムと定義されています [63]。産業用，福祉用，介護用，家庭用などに分類できます（図 1.1）。

（5）　データ量の増加，計算機の処理性能の向上，AI の非連続的進化

　今の社会において，技術のブレークスルーが起きています。IoT を通して，実社会のあらゆる事業・情報が，データ化・ネットワークを通じて自由にやりとり可能になります。集まったビッグデータを分析し，新たな価値を生む形で利用可能になるとともに，機械が自ら学習し，人間を超える高度な判断が可能な AI が形成され，多様かつ複雑な作業についても自動化が可能なロボットが生まれます。つまり，これまで実現不可能と思われていた社会の実現が可能になります。これに伴い，産業構造や就業構造が劇的に変わります。具体的には表 1.1 の 3 点で表すことができます [62]。

**　1．データ量の増加**

　世界のデータ量は，2 年ごとに倍増し，2020 年には 59000 エクサバイトに達しています。

**　2．計算機処理能力の向上**

　スパコンの演算速度は，ムーアの法則にそって高速化が進んでおり，2020 年代に 680PFLOPS レベルに到達すると予想されています。

**　3．AI の非連続的進化**

　AI 技術は，今後も飛躍的に進化していきます。AI の更なる活用が進み，様々な課題の解決に寄与します。

表 1.1 技術のブレイクスルー

1. データ量の増加	ネットワークの高度化，センサー等の発達による IoT の実現により，物理空間とデジタル空間の融合が加速しています。結果としては，世界のデータ量は 2 年ごとに倍増しています。
2. 計算機処理能力の向上	マルチスレッド・マルチプロセスなどの並列処理や，SIMD (Single Instruction, Multiple Data)，GPU（Graphics Processing Unit）による高速化が実現されつつ，計算機ハードウェアの性能は指数関数的に進化しています。
3. AI の非連続的進化	人工知能（AI）の研究は 1950 年代から続いていますが，その過程ではブームと冬の時代が交互に訪れ，現在は第 3 次のブームとして脚光を浴びています。

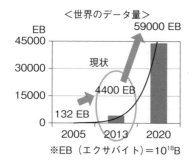

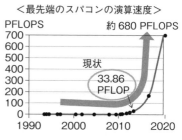

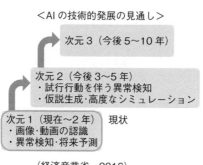

（経済産業省，2016）

> コラム　**AI の 3 つのブーム**

AI という用語は 1956 年に作られています。1950 年代の初期の AI 研究では，問題解決や記号処理といったトピックが探究されましたが，1960 年代になると，米国の国防総省がこの領域に関心を示し，人間の基本的な論理的思考（推論）を模倣できるようにコンピュータをトレーニングする研究を開始しました。その後，2003 年に，国防高等研究計画局（DARPA）はインテリジェントなパーソナル・アシスタントを開発しました。こうした初期の研究によって，現在では，Apple の Siri，Amazon の Alexa，Microsoft の Cortana が家庭に浸透しています。AI の歴史について，総務省 [32] が図 1.2 のようにまとめました。

AI の 2045 年問題

「2045 年問題」とは，AI などの技術が，自ら人間より賢い知能を生み出すことが可能になるシンギュラリティが 2045 年に起こると予測され，それに伴う様々な影響，問題の総称です [30]。

	人工知能の置かれた状況	主な技術等	人工知能に関する出来事
1950 年代			チューリングテストの提唱（1950 年）
1960 年代	第一次人工知能ブーム （探索と推論）	・探索，推論 ・自然言語処理 ・ニューラルネットワーク ・遺伝的アルゴリズム	ダートマス会議にて「人工知能」という言葉が登場（1956 年） ニューラルネットワークのパーセプトロン開発（1958 年） 人工対話システム ELIZA 開発（1964 年）
1970 年代	冬の時代	・エキスパートシステム	初のエキスパートシステム MYCIN 開発（1972 年） MYCIN の知識表現と推論を一般化した EMYCIN 開発（1979 年）
1980 年代	第二次人工知能ブーム （知識表現）	・知識ベース ・音声認識 ・データマイニング ・オントロジー ・統計的自然言語処理	第五世代コンピュータプロジェクト（1982〜92 年） 知識記述のサイクプロジェクト開始（1984 年） 誤差逆伝播法の発表（1986 年）
1990 年代	冬の時代		
2000 年代	第三次人工知能ブーム （機械学習）	・ディープラーニング	ディープラーニングの提唱（2006 年）
2010 年代			ディープラーニング技術を画像認識コンテストに適用（2012 年）

図 1.2　AI の歴史

（6）　第 4 次産業革命，Society 5.0，データ駆動型社会

　第 4 次産業革命 (Fourth Industrial Revolution, 4IR) というフレーズは，2016 年の世界経済フォーラムにおいて初めて使用されました。18 世紀の最初の産業革命以降の 4 番目の主要な産業時代を指します（表 1.2 参照）。実世界（フィジカル空間）とコンピュータやネットワーク上に広がる仮想空間（サイバー空間）を高度に融合するサイバーフィジカルシステムという概念が重要です。第 4 次産業革命はロボット工学，AI，ブロックチェーン，ナノテクノロジー，量子コンピュータ，生物工学，IoT，3D プリンター，自動運転車などの多岐に渡る分野における新興の技術革新が特徴です。第 4 次産業革命の取り組みの種類は大きく 4 つに分かれています。

その 1：サービスの生産，提供にデータの解析結果を活用
その 2：シェアリングエコノミー
その 3：AI やロボットの活用
その 4：フィンテックの発展

　Society 5.0（ソサエティー 5.0）は，日本が提唱する未来社会のコンセプトです。内閣府によりますと，Society 5.0 は Society 1.0 の狩猟社会，Society 2.0 の農耕社会，Society 3.0 の工業社会，そして，Society 4.0 の情報社会に続く，新たな社会を指すものです。第 5 期科学技術基本計画（2016 年度から 2020 年度の範囲）において初めて提唱されました。具体的に，Society 5.0 で実現する社会は，IoT，ロボット，AI，ビッグデータ等の新たな技術をあらゆる産業や社会生活に取り入れてイノベーションを創出し，一人一人のニーズに合わせる形で社会的課題を解決する新たな社会です。

　これまでの Society 4.0（情報社会）では，人がサイバー空間に存在するクラウドサービス（データベース）にインターネットを経由してアクセスして，情報やデータを入手し，分析を行ってきました。Society 5.0 は，サイバー空間（仮想空間）とフィジカル空間（現実空間）を高度に融合させたシステムにより実現します。フィジカル空間のセンサーからの膨大な情報がサイバー空間に集積されます。サイバー空間では，このビッグデータを AI が解析し，その解析結果がフィジカル空間の人間に様々な形でフィードバックします。今までの情報社会では，人間が情報を解析することで価値が生まれてきました。Society 5.0 では，膨大なビッグデータを人間の能力を超えた AI が解析し，その結果がロボットなどを通して人間にフィードバックされることで，これまでにはで

表 1.2 これまでの産業革命

第1次産業革命 （1784 年〜）	第1次産業革命はヨーロッパとアメリカで18世紀から19世紀に渡って起きました。この時期に主に農耕・地方社会の工業化・都市化が進みました。鉄と繊維工業は蒸気機関の発展と共に産業革命において中心的な役割を担いました。この時点では工場を中心とした機械の導入が行われました。
第2次産業革命 （1870 年〜）	第2次産業革命は 1870 年から第一次世界大戦直前の 1914 年までの間に起きました。既存の産業の成長に加え，鉄鋼，石油，電気などの新たな産業も拡大していき，電力を使い大量生産を行いました。この期間における主要な技術的進歩は電話機，電球，蓄音機，内燃機関などがあります。この時点で，広範なエネルギー利活用のためのインフラが完成しました。
第3次産業革命 （1969 年〜）	第3次産業革命またはデジタル革命は，アナログ回路及び機械デバイスから今日用いているデジタル技術への技術的進歩を指します。この時代は 1970 年代から始まり，現在も継続中です。第3次産業革命における進歩は，パーソナルコンピュータ，インターネット，情報通信技術 (ICT) などがあります。

きなかった新たな価値が産業や社会にもたらされることになります [34, 35]。

　海外諸国においても，似たような動きが見受けられます。ドイツでは「Industrie 4.0」，イギリスでは「ハイ・バリュー・マニュファクチャリング（High Value Manufacturing, 高価値製造）」，フランスでは「Industrie du Futur（産業の未来）」，中国では「中国製造 2025」，韓国では「Manufacturing Innovation 3.0」，タイ王国では「タイランド 4.0」と各国で様々な名称がつけられ，第4次産業革命への対応に取り組んでいます。

　データ駆動型社会とは，フィジカル空間とサイバー空間と相互連関するサイバーフィジカルシステム（Cyber-Physical System）が社会のあらゆる領域に実装され，大きな社会的価値を生み出す社会のことを指します。

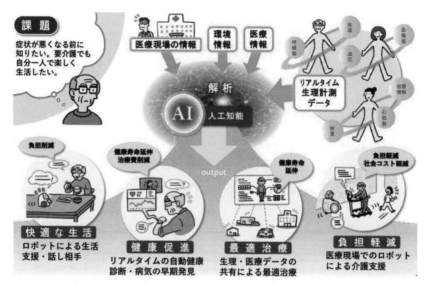

図 1.3 医療・介護分野における社会課題解決と新たな社会価値創出の例
（内閣府，2016）

フィジカル空間からセンサーと IoT を通じてあらゆる情報が集積され，ビッグデータになります。AI がビッグデータを解析し，高付加価値を現実空間にフィードバックし，サイバー空間とフィジカル空間の高度な融合により，社会課題の解決と経済発展を両立できるようになります (図 1.3) [35]。

（7） 複数技術を組み合わせた AI サービス・人間の知的活動と AI の関係性

AI をビジネスに活用する際には，目的に合わせて画像・音声認識などの複数技術を組み合わせた AI サービスは必要です。例えば，「Google Cloud Vision API」サービスにおいては，Google が持っている画像に関する機械学習モデルを使って，対象の画像から様々な情報を得ることができます。取得できる情報の例としては，ラベルの検出，テキストの抽出，不適切なコンテンツの検出，ロゴの検出，及び画像プロパティなどがあります。この仕組みを利用して，領収書の画像をクラウド上にアップロードするだけで，経費精算を行えます。

人間のあらゆる知的活動において感情や共感性が関与し，人間の知能は他者との関係性の中で感情や共感性を基礎に醸成され育まれています。それに対して，AI はディープラーニングによって人間の持つ感情や共感性，あるいはそれを超える能力を獲得できますが，感情や共感性は論理的で明示的な情報処理

の結果，生起するものではありません [26]。

　AI 技術は人間の知的能力と行為を補助し，一部を代替し拡張することが可能ですので，持続可能な社会の強い推進力になっていくものと言えます。ただし，AI における倫理的，法的などの観点についても考慮しなければなりません。

（8）　AI における倫理的な問題

　AI において，過ちを犯したロボットには責任が発生するのかという倫理的な問題があります。ロボットに関しては，ロボット工学の三原則 (Three Laws of Robotics)，つまり，「人間への安全性」，「命令への服従」，「自己防衛」があります [20]。AI を備えたロボットが人間に危害を及ぼす命令を下された場合，ロボット工学の三原則に従おうとするロボットは「人間への安全性」と「命令への服従」のどちらを選べば良いのかというジレンマに陥ってしまいます。また，過ちを犯したロボットには法的責任が発生するのかという倫理的な問題も生じます。AI 倫理に関する詳しい内容は，第 3 章を参照ください。

（9）　データを起点としたものの見方，人間の知的活動を起点としたものの　　　見方

　人間の知性は，**心身的反応**（身体の制御による心の変化）から**感覚的思考**（規則性の発見）へ，そして**論理的思考**（感覚したことについて論理的に解釈）へと発達していくとされています。AI 研究の発展は人間の知性の発達とは逆の発展を遂げており，論理的思考から感覚的思考へと発展してきたと言えます。心身問題の解決，つまり，**AI の人間性**に関する研究は，今後 AI 研究の重要な方向性と言えます [54]。

　多くの人々は，アルゴリズムに発明や創造や高度の判断はできないと考えています。しかし，そうした分野にもコンピュータが入り込んできました。実際，ビッグデータを用いるディープラーニング型の AI が，画像認識で目覚ましい成果をあげています。囲碁でも，AI は人間に大勝しました。高度的活動分野において，AI がすでに報道記事を書いています [31]。

1.2　社会で活用されているデータ

1.1.2 で解説したデータの定義を思い出してみましょう。データとは，何か
の手段で観測・計測して，収集された記号（数字または文字）です。こうし
て収集したデータは何かの意味や価値を与える場合，データは情報と呼べま
す。この場合，データは理性的な推論のために使われる，事実に基づくあらゆ
る種類の情報と解釈できます。データの取り扱いに関しては，「どのような基
準で」，「何を拾い上げていけばよいのか」という問題が大事です。そのため，
データは様々な角度から分類できます。

コラム　**AI が書く報道記事**

　AI が書く記事は 3 つのタイプに分かれています。第 1 のタイプは，データ
を与えて定型的な記事を書くものです。これは，すでに実用化されています。
AP 通信は，2014 年 7 月から，アメリカ，オートメイテッド・インサイツ社
（Automated Insights）の「ワードスミス（Wordsmith）」という AI を使った
記事を配信しています。

　AI が文章を書く第 2 のタイプは，ウェブの記事をもとにして，新しい文章を
作成するものです。この範疇のものとしては，「リライトツール」が少し前から
存在しています。アクセスが多いウェブページをもとに，表現等を書き換えて
コピー記事を作ります。こうした記事はまとめサイトなどで多用されていまし
たが，社会的な問題を引き起こしていました。2016 年の 11 月頃，ある企業が
運営していた医療サイトがリライトツールを用いて作成していた記事が，引用
のレベルを超えたとして問題になり，同サイトは閉鎖に追い込まれました。

　最近では，複数のサイトから元記事を集めて新しい文章を作るサービスが登
場しています。Articoolo というサービスは 2018 年 2 月から日本語版も使える
ようになっています。2〜5 個のキーワードを入力すると，20 秒程度で文章を生
成してくれます。仕上がった記事は，Copyscape によって剽窃（ひょうせつ）
とは判断されないようです。

　第 3 のタイプは，特定の作家の文章を大量に集めて分析し，新しい作品を
書くものです。その例として，「きまぐれ人工知能プロジェクト作家ですのよ」
があります。これは，星新一のショートショート全編を分析し，それらを参考
にして，AI がショートショートを創作するものです。2012 年にスタートし，
2016 年にはショートショートの新人賞である星新一賞（日本経済新聞社主催）
に応募し，受賞には至りませんでしたが，一部の作品は 1 次審査を通りました。

1.2.1　データの種類

（1）　調査データ

　調査データ（Survey Data）とは調査により取得するデータのことを指します。例えば，アンケート調査データ，国勢調査データなどがあります。

（2）　実験データ

　実験データ (Experimental Data) とは実験によって収集したデータのことを指します。例えば，物理実験や化学実験，電気・電子工学実験，機械工学実験，信号処理実験，医学実験，薬学実験などから得られたデータです。

（3）　人の行動ログデータ

　人の行動ログデータ (Human Behavior Log Data) とは，人の身体の行動と観察可能な感情配列を記録するデータを指します。例えば，消費者の購買行動データ，観光客移動・滞在データなどがあります。

（4）　機械の稼働ログデータ

　機械の稼働ログデータ (Machine Operation Log Data) とは，設備などの機械の稼働記録データを指します。例えば，Web サーバーの稼働ログ，センサーの記録ログなどがあります。

1.2.2　1 次データ，2 次データ，データのメタ化

（1）　1 次データ

　1 次データ (Primary Data) とは，調査者自身が固有な目的のために採集したデータを指します。例えば，自社サイトへのアクセス履歴，自社アンケート結果などがあります。

（2）　2 次データ

　2 次データ (Secondary Data) とは，公開されたデータや販売されたデータなどの既存データを指します。例えば官公庁による統計，研究機関のレポートなどがあります。

問 1.3

次のデータは 1 次データか 2 次データかを考えてください。

    a. 自社サイトの顧客購入履歴
    b. 政府が公開している公共データ
    c. 気象庁が発表した天気データ
    d. 研究の参考文献

コラム　3 次データ

　3 次データとは，複数種類のデータを加工・整形し使いやすい状態にしたデータを指します。例えば，マーケティング会社などのデータ収集を専門に行う企業から購入できる，第三者によって使いやすい形に整えられたデータがあります。

（3）データのメタ化

　メタ（meta）はギリシャ語由来で，「超」，「高次的な」の意味を持ちます。メタデータとは，本体であるデータに関する付加的なデータです。「データのためのデータ」とも言えます。例えば，ある人間本人が本体のデータだとすれば，性別や生年月日，勤め先や家族構成などの情報はメタデータです。Word ファイルや Excel ファイルなどにおいて，ファイルのプロパティを調べれば，作成者名，ファイル名，サイズ，作成日時，更新日時といったデータが「メタデータ」として付帯しています。

　メタデータでデータ管理するのは，「データの質を向上できる」，「データの性質を様々な角度から分析できる」，「セキュリティが強化される」などのメリットがあります。具体例としては，地図情報をデータで統合的に管理する地理情報システム（GIS）があります。このシステムにおいて，空間にメタデータを付与し，可視化することにより，災害時の状況把握などに役立てられます。無償で使用できる GIS データも提供されています。こちらのサイトはその一例です。

https://www.esrij.com/gis-guide/other-dataformat/free-gis-data/

メタデータにおいては,「取得するには手間がかかる」,「メタデータとして記録できる情報は多岐にわたる」などの課題があります。取り扱うメタデータに関して戦略やルールを予め設けることによって,ある程度回避できます。

問 1.4

以下のデータのうちどれがメタデータですか。

    a. 犬の画像   b. 文書のタイトル   c. SNS の投稿日時

    d. カメラのシャッタースピード   e. ウェブページの内容（本文）

1.2.3 データのアノテーション

ビッグデータの活用にはデータを正確かつ迅速に処理できる仕組み（アノテーション）が必要です。

アノテーション（Annotation）とは,もともと「注釈」という意味です。IT の用語としては「あるデータに対してタグやメタデータを付加すること」を指

コラム **注意したい画像データに含まれているメタデータ**

画像や写真,動画データに「撮影者」や「撮影日時」,「GPS 情報」といった,個人を特定しやすい情報を記載するメタデータが付帯します。このメタデータは「Exif(Exchangeable image file format)」と呼ばれます。Exif はファイルの管理に役立ちますが,ファイルを公にアップロードする際には注意が必要です。個人情報が流出しないように,ブログや SNS などにファイルをアップロードする前に,Exif 情報を削除すると安心でしょう。Exif 情報を削除するには,撮影機材の GPS 機能を Off に設定する,PC やスマホのアプリケーションを用いて,Exif 情報を削除するなどの方法があります。

します。例えば，機械学習において，画像や動画のアノテーションには，「画像の中の物体を検出する」，「特定領域だけを抽出する」，「画像物体に属性を追記し分類できるようにする」という 3 つの作業があります。このため，アノテーションの品質は AI の学習精度に大きく影響します。

1.2.4　オープンデータ

　オープンデータ（Open Data）とは，一切の著作権，特許などの制限なしで，誰もが自由に利用・再掲載できるようなデータです。最低限従うべき決まりは，「作者へのクレジットを残す」，「同条件で配布する」ことが挙げられます。政府機関，医療・健康，金融・経済，ビジネス・企業，ジャーナリズム・メディア，不動産・観光，文化・教育などの分野において，オープンデータが提供されています。

1.3　データ・AI の活用領域

1.3.1　AI 活用領域の広がり

　デジタルデータの利活用がサイバー空間から現実空間に広がっています。パソコンやスマホといった通信機器だけではなく，多くの機器がネットワークに接続され，生成されたデジタルデータを高度に活用する IoT 化が進展しています。これまで，統計的手法の適用が困難だった音声認識や画像認識の領域で

> **コラム**　**日本政府のオープンデータ基本指針**
>
> 　日本政府の「オープンデータ基本指針」[36] によると，オープンデータは営利目的，非営利目的を問わず，二次利用可能なルールが適用されたもの，機械判読に適したもの，無償で利用できるものと定義しています。オープンデータのポータルサイトでは，2020 年 5 月 1 日現在で 26,000 件あまりのデータセットが公開されています。
> https://www.data.go.jp/data/dataset

も AI が活用されています（表 1.3）。

表 1.3　AI の活用例

領　域	AI の活用例
研究開発	研究開発支援
調　達	需要予測・在庫最適化
製　造	故障予測・品質監視・不具合予知
物　流	自動運転車・輸送モードの最適化
販　売	EC サイトにおける商品レコメンド
マーケティング	広告最適化・施策自動立案

AI の活用領域と活用レベルは図 1.4[40] のようにまとめることができます。

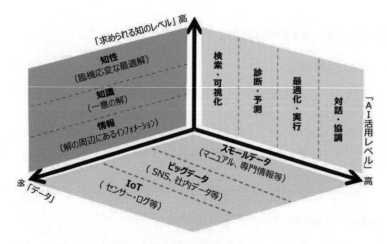

図 1.4　AI の活用領域と活用レベル
（富士通総研，2018）

1.3.2　AI の用途別活用例

AI は，あらゆる領域において，様々な用途に活用されています。

（1）仮説検証

仮説検証とは，仮説の真偽を事実情報に基づいた実験や観察などを通じて確

かめることです。例えば，生命科学や材料開発分野において，AI は自ら仮説を立て，実験を通じて検証する研究が進んでいます。

（2） 知識発見

知識発見とは，機械学習や統計手法によって，データから再利用可能なルールやパターンを発見する操作手順の総称です。データマイニングと学習アルゴリズムによって実現されます。

（3） 原因究明

原因究明とは，ある問題や事象を引き起こした根本的な原因を追究して，明らかとする過程を指します。AI は自動車故障の原因究明や医療分野における画像診断にも活用されています。

（4） 計画策定

計画策定とは，企業の方針，計画や戦略を考え決めること，つまり事業を展開していくシナリオを作成することを指します。例えば，これまで熟練者が担当してきた工場の生産計画と要員計画について，複雑な制約条件を考慮するとともに AI 技術を組み合わせることにより自動化をすることが可能です。

（5） 判断支援

判断支援は意思決定支援とも言います。企業の経営などの判断に支援することを指します。AI の判断支援の応用例としては，出店計画する際に，新店舗の出店候補地の割り出しや見込み売り上げを予測し，新店舗出店の可否判断を支援することがあります。

（6） 活動代替

活動代替は，AI の導入による既存の仕事・業務の代替の可能性，および新規の仕事・業務の創出の実現性を指します。例えば，文字入力や機械類の操作などの作業は AI に取り替わる仕事だと言われます。

（7） 新規生成

新規生成とは，ルールを習得した AI は，そのルールが機能する新規のものを作り出すことを意味します。例えば，ゲームのプレイ動画から新規ゲームス

テージを生成することができます [17]。

1.4　データ・AI利活用のための技術

「宝の山」と表現されるビッグデータから有用な知識を獲得するために，統計学・情報学・数理科学を基盤とする技術は不可欠です。具体的な関連研究分野としては，統計的モデリング，ベイズ推論，予測，機械学習，データマイニング，深層学習，テキスト検索，情報検索，Web情報解析，自然言語処理，音声解析技術，画像認識技術，パターン認識，情報抽出，最適化などがあります。第2章，4章，5章にこれらの手法についての詳しい説明がありますので，この節では，「データの解析」，「データの可視化」，「非構造化データの処理」の概要を紹介します。

1.4.1　データ解析

（1）予　測

予測 (Prediction) 分析は，高度な分析の一種であり，履歴データに基づいて，特定の変数がとる可能性がある値を予測する技術です。予測分析に単回帰・重回帰・自己回帰などの回帰モデル（Regression Model）や，ランダムフォレスト（Random Forest）アルゴリズムなどがあります。事例としては，時期ごとにホテルの需要を AI で予測する，株価を AI で予測するなどが挙げられます。

（2）グルーピング

グルーピング (Grouping) とは，情報をグループに分けること，組み分けすることを指します。機械学習においては，類似データをグルーピングし，データの特徴を抽出するクラスター分析（Cluster Analysis）などの手法があります。

（3）パターン発見

パターン発見 (Pattern Discovery) は，データマイニングの主要テーマの一つであり，データベースの中に頻出する属性の組み合せ（傾向・知識・一般的ルール）を発見する手法です。例えば，自然言語処理において，大量のデー

タセット内でパターンを発見することで，言語とその多数の用法や文法の規則を認識するような機械学習を行います。頻出パターンの抽出に用いる代表的なアルゴリズムはアプリオリ（Apriori）やバックトラック法 (Backtracking) などがあります。

（4） 最適化

最適化 (Optimization) とは，与えられた制約条件の下で，ある目的関数を最大または最小にする解を求めることをいいます。最適化の解が離散的な組み合わせ最適化の代表例には，「最近傍法（Nearest Neighbor Algorithm）」や，「遺伝的アルゴリズム（Genetic Algorithm）」などがあります。最適化の解が連続的である数理最適化の代表例には，「線形計画法（Linear Programming）」や，「ベイズ最適化（Bayesian Optimization）」などがあります。

（5） シミュレーション

シミュレーション (Simulation) は，ラテン語の「simulat（真似た，コピーした）」といった用語から生まれた概念です。現実に実験を行うことが難しい物事について，想定する場面を再現したモデルを作り，それを使って観測または実験することを指します。実際に模型を作って行う物理的シミュレーションと，数学的モデルをコンピュータ上で扱う論理的シミュレーションの二種類があります。AI の分野においては，主に後者のことを指します。

1.4.2 データ同化・データ可視化

（1） データ同化

近年，天気予報においては，大気の状態（気温，湿度，気圧，風向，風速など）の変化を物理法則に基づいて数理モデルを作り，数値的にスーパーコンピュータで計算して予測する数値天気モデルの手法が活用されています。**データ同化**（Data Assimilation）は，天気予報の数値シミュレーションモデルに実際の観測値を入力し，モデルを調整し予報の精度を上げるために使用されています。一般には，データ同化は数値モデルと観測データを組み合わせて，実際の状態を推定する方法ですが，詳しく議論するためには統計的推定論などが必要となります。

（2） データ可視化

データ可視化（Data Visualization）とは，データをグラフ化することなどにより，データの特徴を直観的に捉える技術です。グラフの種類としては「棒グラフ」，「円グラフ」，「折れ線グラフ」，「散布図」，「ヒストグラム」などがあります。

（3） 複合グラフ

複合グラフとは，異なる種類のグラフを組み合わせて作成したグラフです。量や比率のような単位が違うデータや，比較と推移の意味合いが違う情報を同時に表せます。図 1.5 では，2020 年 7 月 12 日から 9 月 5 日までの東京都における新型コロナウイルス感染に対する PCR 検査と抗原検査の件数と，その日までの 7 日間の検査総数の平均 (7 日間移動平均) を同じグラフに表しています。

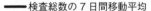
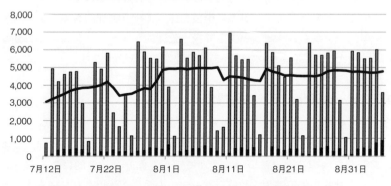

図 1.5 複合グラフの例：東京都 PCR・抗原検査件数の推移
(https://stopcovid19.metro.tokyo.lg.jp)

（4） 2 軸グラフ

図 1.6 も複合グラフですが，東京都における新型コロナウイルス感染に関する PCR・抗原検査による陽性者数，陰性者数という量と，7 日間の移動平均値をもとにした陽性率の日々の変化を表しています。図 1.6 では左側の縦軸に件

数を，右側の縦軸に比率を % で表示しています。このように 2 つの異なる目盛りを左右に配置したグラフを **2 軸グラフ** と言います。

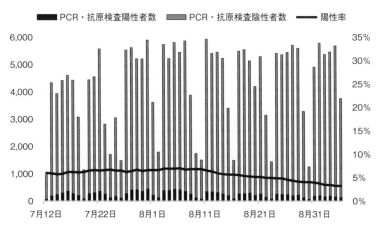

図 1.6 2 軸グラフの例：東京都 PCR・抗原 検査の結果と陽性率の推移 (https://stopcovid19.metro.tokyo.lg.jp)

問 1.5

図 1.5 のグラフが 1 軸の複合グラフで良い理由と，図 1.6 が 2 軸の複合グラフである理由を具体的に述べなさい。

（5） 多次元の可視化

多次元の可視化 とは，多次元のデータを多次元空間において視覚的にわかりやすい形で提示することを指します。一般的に，主成分分析（PCA, Principal Component Analysis），Isometric Mapping (isomap)，t 分布型確率的近傍埋め込み法 (t-SNE, t-Distributed Stochastic Neighbor Embedding) などの非線形次元削減の手法を用いて，多次元データを 2 次元または 3 次元まで次元削減してから視覚化します（図 1.7）。詳細については，第 5 章を参照ください。

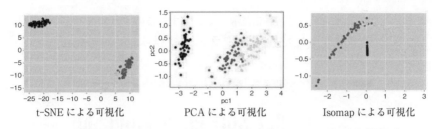

t-SNE による可視化　　　　PCA による可視化　　　　Isomap による可視化

図 1.7　同じデータセットにおける様々な多次元データの可視化方法

（6）　関係性の可視化

　関係性の可視化とは，人と人や，データとデータの関係性を視覚化する手法
です。例えば，文書間の関係の可視化，プロジェクトチーム関係の可視化など
があります。関係性を表すには，「散布図」（図 1.10, 図 1.11），「ヒートマップ」
（図 1.8），「ツリーグラフ」（図 1.12）などが使われます。

（7）　地図上の可視化

　地図上の可視化とは，地球上に存在する地物や事象などすべて地理情報を視
覚化する手法です。地図上の可視化には，「ヒートマップ」（図 1.9），「塗りつ
ぶしマップ」，「ポイント分布マップ」，「フローマップ」（図 1.14），「路線図」
（図 1.13）などが使われます。

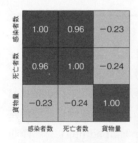

図 1.8　ヒートマップ　　　　　**図 1.9**　地図上のヒートマップ[*2]

[*2]（図 1.9, 1.13, 1.14：Google Maps）

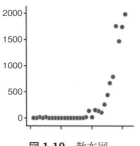

図 1.10 散布図

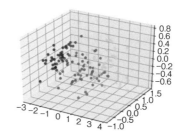

図 1.11 3 次元散布図

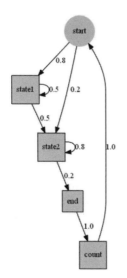

図 1.12 ツリーグラフ

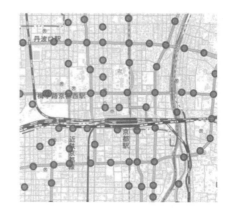

図 1.13 路線図[*2]

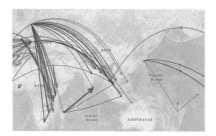

図 1.14 フローマップ[*2]

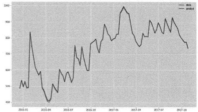

図 1.15 時系列チャート

（8）　挙動・軌跡の可視化

挙動・軌跡の可視化とは，滞留時間などに着目する歩行軌跡や自動車の運行軌跡などを視覚化する手法です。挙動・軌跡の可視化には，「時系列チャート」（図 1.15），「移動軌跡図」などが使われます。

（9）　リアルタイム可視化

リアルタイム可視化とは，データが発生するたびに，即時に可視化する手法です。一般的に，可視化のツールとして，カスタマイズ可能なダッシュボードのようなインタフェースが提供されます。主にネットワークトラフィック（一定時間内ネットワークを通じて送受信のデータ量）の監視や，サイバー攻撃の可視化などに利用されています。

1.4.3　非構造化データ処理

（1）　非構造化データ

非構造化データ（Unstructured Data）とはオフィスドキュメント・PDF・メール・写真・動画など，定型的に扱えないデータを指します。CSV や Excel ファイルのように，列や行からなる構造化データ (Structured Data) と異なり，「データの連続性と大容量」，「データに関する情報不足」，「データの類似性」などの特徴があります。普及しつつある IoT デバイスから取得したデータは半構造化データまたは非構造化データであるため，データの分析や解析に適した構造化データに変換する処理が必要です。

問 1.6

次のデータから非構造化データを選んでください。

a. Word 文書　　b. センサーログ　　c. CSV 文書　　d. 写真　　e. Excel 文書

非構造化データ処理にあたって，主に以下の手法があります。

（2）　言語処理

言語処理 (Natural Language Processing) とは，人間の言語（自然言語）を機械で処理することです。日本語入力の際のかな文字変換や機械翻訳も言語処

理です。このような技術を実現する自然言語処理は，「前処理」，「知識獲得」，
「情報抽出」の流れで行います。

（3） 画像・動画処理

画像・動画処理 (Image Processing) とは，画像・動画に対して，画像を変換
や変形し，特徴量などの情報の抽出を行い，画像データに関わる処理全般を指
します。画像処理は，「前処理」，「画像特徴抽出」，「判定」，「制御・出力」の流
れで行い，処理手法は主に，「画像補正」，「画像変換」，「画像加工」，「画像特
徴抽出」，「画像認識」，「3 次元化」などがあります。

（4） 音声・音楽処理

音声・音楽処理 (Voice Processing) とは，音声信号を分析して何らかの情報
を表す種々の特徴パラメータを抽出し，それに基づいて合成や認識などを行う
ことです。音声処理において，「前処理」，「特徴抽出」，「識別（音響モデル・言
語モデル・探索手法)」の過程を経て，コンピュータが音声を認識します。AI
スピーカーや iPhone の Siri に音声認識の技術が使われています。

（5） 汎用 AI

汎用 AI(AGI, Artificial General Intelligence) とは，特定の作業に限定せず
汎用的に処理することができる，つまり，人間と同様の知能を持つ AI です。
強い AI とも呼ばれます。ドラえもんや鉄腕アトムは汎用型 AI の代表例です
が，いずれもまだ世の中に存在しません。

（6） 特化型 AI

特化型 AI(Applied AI, Narrow AI) とは，特定の決まった作業を実行する
ことに特化した AI です。弱い AI とも呼ばれます。限定された範囲の中で，
与えられた課題に特化して自動的に学習と処理を行います。画像認識，将棋や
囲碁，自動運転，人と会話など，世間一般的に使用されている AI がこの「特
化型 AI」になります。

　今の AI でできることは多いですが，できないこともたくさんあります。AI
は「大量のデータ処理」，「ルールに沿った作業」は得意ですが，クリエイティ
ブな作業や人の気持ちを汲み取ることは苦手です。つまり，AI には見て判断
する (画像処理)，聞いて判断する (音声処理)，言葉を操る (自然言語処理) こ

とができますが，クリエイティブな発想や，リーダーシップの発揮などを必要とすることはできません。

問 1.7

次のうち，AI が苦手な仕事はどれでしょうか。

　　a. 映画監督　b. 犬訓練士　c. 運転士　d. 経理事務員　e. 美容師

AI とビッグデータには深い関係があります。AI を開発するには膨大なデータが必要ですので，ビッグデータが蓄積されていたことから AI の研究開発ブームが起こったとも言えます。今後，スマートフォン，ウェアラブル端末，自動車，街の信号など，あらゆるモノがインターネットに接続される未来が訪れると，膨大なデータを集めることが可能になります。このように集められたビッグデータから AI が推論し，そのモデルを搭載したデバイスを社会に送りこむことで，より便利で豊かな社会が形成されることが期待されています。このように，AI そのものの技術的発展によって分析・推論・予測する能力の上昇と，多様で大量なビッグデータが掛け合わさることで，社会が変わると展望されているのです。

1.4.4 認識技術，ルールベース，自動化技術

（1） 認識技術

認識技術，または自動認識技術 (Automatic Identification) とは，人間を介さず，ハードとソフトを含む機器により自動的にバーコード，磁気カード，RFID などのデータを取り込み，内容を認識する技術です。一次元シンボル (Bar code)，二次元シンボル (Two Dimensional Symbol)，RFID(Radio Frequency Identification)，バイオメトリクス (Biometrics)，磁気ストライプ (Magnetic Stripe)，OCR(Optical Character Recognition)，マシンビジョン (Machine Vision) などに分類されています。

（2） ルールベース **AI**

ルールベース AI とは，人間が記述したルールに従って判断を行うことを指します。ハードウェアによる自動化と，人の判断を要する作業も自動化する

「事務用ロボット」とも言えます。これに対して，機械学習型 AI は，一般的に
人間がルールを記述する必要はありません。機械学習モデルに学習を行うため
のアルゴリズムがあり，それらのアルゴリズムに基づいて人の知的な振る舞い
を模倣し，モデルを自動で構築します。ルールベース AI は機械学習型 AI と
比較して，「業務自動化までのスピードが速い」，「人が AI を教育できる」，「低
コスト」という長所に対して，「自律学習をできない」，「形式知でなければ AI
に教育できない」，「教育されていない事柄は判断できない」という短所があり
ます。

（3）　自動化技術

　自動化技術（Automation Technology）とは，ロボットやデジタルキオスク
のようなハードウェアや，AI に代表されるソフトウェアによる機械化・無人
化・省力化する技術の総称です。最先端の自動化技術の代表的な応用例は業務
自動化ロボット (RPA, Robotic Process Automation) と言えます。

1.5　データ・AI 利活用の現場

1.5.1　データサイエンスのサイクル

　データサイエンスにおいては，「課題抽出と定式化」，「データの取得・管理・
加工」，「探索的データ解析」，「データ解析と推論」，「結果の共有・伝達」，「課
題解決に向けた提案」というプロセスがあります [7]。これは，課題解決と同時
にデータからの知識発見や新たな課題発見のための重要なサイクルです。ビッ
グデータ，AI はこのサイクルを通して，様々な業界に活用され，社会問題を
解決していきます。

1.5.2　流通，製造，金融，サービスインフラ等における利活用事例

　IoT をはじめとする様々な新技術を活用した新サービスを総称して，X-Tech
（エックステック）と呼びます。この X の部分が産業ごとに変化し，金融なら
ば「FinTech」，医療ならば「MediTech」と呼ばれます。

（1）　フィンテック

　フィンテック（FinTech）と呼ばれる金融分野での活用では，金融機関の利用や購買のデータから，家計簿・資産状況を示すアプリが挙げられます。次世代 ATM と呼ばれる顔認証 ATM はすでに 2019 年 9 月から一部の銀行において導入開始されています [24]。

（2）　メディテック

　メディテック（MediTech）と呼ばれる医療ヘルスケア分野においても AI が活用されています。ヘルスケア分野においては，生活習慣や体重等のデータから，健康管理を支援するアプリが挙げられます。さらに，介護や手術ロボットはこれからのヘルスケアを進化させます。

（3）　医療分野

　医療分野においては，AI による画像診断，疾病診断，AI による創薬，死亡時画像診断への利用，医療機器への利用なども展開されています。この 5 年ほどの間に，医療における AI 活用は急速に進んでいますが，技術発展があまりに急であったため必要な法整備が遅れています。現実問題として，医療 AI が示した診断結果をどう取り扱えば良いのかさえ十分な議論がなされていません。現時点では「必ず医師の確認を要する」との文言を付けることで，臨床現場などへのサポートシステムとしての導入がみられる程度にとどまっています。本質的に有効なアルゴリズム構築のガイドラインを示し遵守させること，AI システムが医療機器としての承認を受けるために必要な要件，承認のないものへの一定の制限などを明確化することは最低限求められています。

（4）　保険業界

　保険業界において AI を活用するインシュアテック（InsurTech）が進んでいます。音声認識でコールセンター業務の自動化や，AI を用いてより個人の状況に寄り添った保険商品を提案するなどの事例があります。例えば，AI 技術とドライブレコーダー映像を活用した「事故状況再現システム」の導入によって，事故状況の確認に従来の 1 週間程度から，事故のデータを受信後 5 分程度に短縮するような事例もあります [33]。

（5） 製造業

製造業において，異常検知，不良品検出，生産計画最適化などの活用事例があります。例えば，建設機械メーカーにおいて，これまで個別に管理されていた機械情報と，訪問履歴，修理履歴，訪問スケジュールなどの情報をリアルタイムに同期して地図上で表示することで，営業拠点の営業・サービス員が効率よくスピーディーに顧客をサポート，訪問することが可能になります [39]。

（6） 建設業

建設業界において，IoT の活用も展開されています。建設業では，技能労働者の高齢化や若手就業者の減少による労働力不足が喫緊の課題となっており，省人化による生産性の向上が急務となっています。そのため，建設重機を用いた施工の自動化，とりわけ熟練技能者による重機操作を再現するための技術開発には大きな期待が寄せられています。一例としては，土砂の積み込み作業を自動化するシステムはすでに実用化されています [25]。地盤の造成やトンネル掘削といった土木工事や大規模建築物の地下掘削などにおいて膨大な作業量となる土砂の積み込み作業を自動で行います。

（7） 農業分野

農業分野においては，パソコンやスマートフォンを使って，圃場管理，肥培管理，作業計画，作業記録や作業進捗管理を簡単に行えます。また，機械のシーズン中の稼働状況や診断レポートもパソコンやスマートフォン経由で提供されています [23]。

（8） モビリティ

自動車や交通といったモビリティの分野でも AI の活用によって変化が起きています。今のところは，人間が補助しながら運転するレベル 3 までの自動運転や，一定の区間に限ってレベル 4 で走ることができています。いずれ自動で好きなところに行くことができるようになるでしょう。

（9） インフラ分野

インフラ分野においては，交通量データを用いて，信号パラメータの最適化によって，交通渋滞を緩和するなどの活用事例があります。

（**10**）　デジタルトランスフォーメーション

　デジタル技術を浸透させて，ビジネスを変革させる，AI や業務自動化ロボット (RPA) などの技術に注目が集まっています。特に，少子高齢化による労働力不足が問題視される時代において，デジタルトランスフォーメーション (DX, Digital Transformation) への期待とニーズはさらに高まるでしょう。DX は一言で表すと，「デジタルによる変革」です。企業は非デジタルプロセスまたは手動プロセスをデジタルプロセスに置き換える，または，古いデジタルテクノロジーを新しいデジタルテクノロジーに置き換えることにより，サービスまたはビジネスを変革します。そのため，デジタルテクノロジーを積極的に採用します。

問 1.8

身近にある AI の応用例を 1 つ挙げてください。

1.6　データ・AI 利活用の最新動向

1.6.1　AI 等を活用した新しいビジネスモデル

　AI の要素技術として，機械学習，深層学習，強化学習，転移学習があります。これらの関係を図 1.16 にまとめています。**教師あり学習** (Supervised Learning) とは，入力と正しい出力がセットになった訓練データをあらかじめ用意して，ある入力が与えられたときに，正しい出力がでるようにコンピュータに学習させる手法です。**教師なし学習** (Unsupervised Learning) とは，入力のデータのみ与え，内在する構造をつかむために用いられる学習手法です。教師なし学習は，最近「自己教師あり学習」と呼ばれることが多いです。

　商品のレコメンデーションは，身近にある教師なし学習の例です。商品のレコメンデーションとは，EC サイトなどで，ユーザーの過去の購買履歴をもとに好みを分析し，そのユーザーの興味・関心がありそうな情報を提示することを指します。様々なデータ活用や推奨アルゴリズムの進化によりレコメンデーションの精度は向上しています。ある EC サイトでは，売上全体に占めるレコメンデーションの売上比率は，2000 年当時に比べて最近では約 7 倍に拡大したそうです。

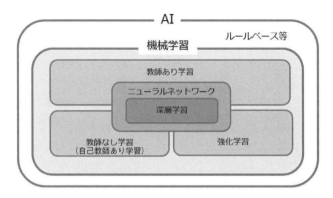

図 1.16 AI の要素技術とその関係図

　レコメンデーションは EC サイトのみならず，販売，販売促進，マーケティング，PR など WEB 販売やプロモーションを行うサイトでも適用できます。昨今このようなサイトに情報が溢れている状況の中，ユーザーは本当に自分にとってベストな商品や潜在的要求がある商品に出会えることはかなり難しくなっています。そのため，精度が高いレコメンデーションを用いて，ユーザーニーズに寄り添った情報を提供することが非常に重要となっています。

1.6.2 AI 最新技術の活用例

　AI 最新技術の活用例として，**深層生成モデル** (DGM, Deep Generative Model) が挙げられます。画像認識やパターン認識界隈において，生成モデルとして Deep Neural Networks を学習するものを総じて深層生成モデルと呼びます。その代表的なものとして，画像認識分野では特に，**敵対的生成ネットワーク** (GAN, Generative Adversarial Network) と **変分自己符号化器** (VAE, Variational Auto–Encoder) に注目が集まっています。

（1）　GAN

　GAN とは，2014 年に Ian Goodfellow 氏らが「Generative Adversarial Nets」という論文によって発表した，入力されたデータや画像から新しい擬似データを生成するモデルです。GAN はサンプルデータを用いない「教師なし学習」の一種であり，生成器（Generator）と識別機（Discriminator）という 2 つのニューラルネットワークを併用し，データ生成のモデルをブラッ

シュアップしていく仕組みです。GAN の応用例として，新しいアニメのキャ
ラクター，ゲームのキャラクター等の生成が挙げられます。例えば，ムンクが
描いたようにしか見えない，ムンク風の絵を描き出すということもできます。
実際，AI によって制作された芸術作品として初めてクリスティーズで競売さ
れた作品は，GAN によって作られています [4]。面白い事例としては，GPU
メーカーの NVIDIA が，大量の画像を学習させた GAN による，GauGAN
という，単純な塗り絵からリアルタイムに景色を生成する支援デモアプリを
発表しています [14]。軽く塗っただけの塗り絵が美しい景色へとダイナミッ
クに変換されていく様は衝撃的です。さらに面白い事例としては，2018 年に
Microsoft Research が発表した，Attention モデルを導入した AttnGAN によ
る，「文章からの絵の生成」があります。例えば，「there is a group of people
playing soccer on a grass field」と入れると以下のような画像を作り出します
(図 1.17)。

図 1.17　AttnGAN – Image generation machine

以下のデモサイトから自分で試すこともできます。

`https://experiments.runwayml.com/generative_engine/`

　GAN は「データの増幅が可能」，「画像の演算を行える」，「従来の方法より
高品質な画像を生成できる」という利点を持つと同時に，「生成データの評価

が難しい」,「オリジナル GAN は動作が不安定になりやすい」などの欠点もあります。GAN はデータを増やすという目的から, 画像の生成や自然言語処理との連携まで可能になりました。「文章から絵を生成」[19],「Deepfake」[5] などの技術はすでに開発され, オリジナルの映像と偽造の映像を人が見分けるのは極めて困難になっています。これは今までに人類が経験したことのない, 情報の信憑性に関する大きな挑戦であり, また自分の複製が自分の意図しないところで意図しない発言をさせられるという, アイデンティティ, ひいては人間の尊厳への脅威であると言えます。

(2) VAE

VAE は情報を圧縮し, その圧縮した情報から元の情報に戻す, というような仕組みをもった, AE(Auto Encoder) の一種です。AE はただ単にデータの圧縮と再構築をするだけでしたが, VAE は確率モデルの理論を導入しています。教師なしの GAN と異なって, VAE は訓練データをもとにその特徴を捉えて訓練データセットに似たデータを生成することができます。

(3) 強化学習

強化学習 (RL, Reinforcement Learning) とは, システム自身が試行錯誤を通じて, 環境に適応する最適なシステム制御を実現する, 機械学習手法の一つです。教師あり学習とは異なり, 正しい行動を示す教師は必要としません。その代わりに, 報酬というスカラー情報を手がかりにして学習します。実世界の多くの制御問題では, 不確実性の扱いは難しいです。強化学習は不確実性のある環境を扱う点から, 注目が集まっています。強化学習で利用するアルゴリズムは,「Q 学習 (Q-Learning)」,「DQN(Deep Q Network)」,「DDQN(Double DQN)」,「A3C(Asynchronous Advantage Actor-Critic)」,「Rainbow」などがあります。強化学習の応用例としては,「囲碁 (Alpha Go)」,「自動運転」などがあります。現在, 強化学習はロボットの制御や FinTech の分野にも活用されています。

(4) 転移学習

転移学習 (Transfer Learning) とは, ある領域で学習したこと (学習済みモデル) を別の領域に適用し, 効率的に学習させる方法です。転移学習によって, 少ないデータ量から少ない訓練時間でモデルの精度を上げることが実現可能に

なります。すでに，画像認識やゲームなどの分野で実用化されており，今後は
さらに広範囲なビジネスの領域に，転移学習が浸透すると考えられます。

　近年，強化学習は深層学習と組み合わせた「深層強化学習」が大きく発展し，
日進月歩で新しいアルゴリズムが提案されています。しかし，深層強化学習に
は大きな問題点があります。1 つ目は学習に非常に多くの学習事例を必要とす
ること，そして，2 つ目は環境やタスクが変わった場合うまく対応できない，
つまり汎化しないことです。これらの問題を解決するためには，環境の抽象的
なモデルを構築し，そのモデル上で強化学習を行うということが必要とされて
います。

　現時点，これらの問題を解決に繋ぐ，3 つのグループの手法が発表されてい
ます。

　1 つ目は，世界モデル（World Model）です[3]。世界モデルは，2018 年米
国 Google Brain の David Ha 氏とスイス IDSIA の Jürgen Schmidhuber 氏
らにより提案され，環境からの限られた情報をもとに，環境のモデルを学習に
よって内部的に構築する枠組みです。世界モデルを用いることで，直接には観
測できない，過去・未来・反実・観測不能な状態の挙動を把握できるようにな
り，目的に応じた行動選択の性能を高めることができます[4]。

　2 つ目は，英国 DeepMind 社が提案した，外部記憶を利用した強化学習
「MERLIN」です。MERLIN のエージェントは現在の状態を外部記憶に書き
出すとともに，外部記憶から必要な情報を読み出して（思い出して）処理する
ことができます。

　3 つ目は，カルフォルニア大学バークレー校により提案された Universal
Planning Networks（UPN）です。これは前の 2 つの手法とは違って，模倣学
習により最適な表現方法と環境の前向きモデルの学習を実現する手法です。

（5）シェアリングエコノミー

　今の世の中は，経済のパラダイムシフトの大きな転換点を迎えています。ゼ
ロから作るのではなく，リソースを共有する，といった新たな考え方に基づく
ビジネスが次々に生まれています。これは，シェアリングエコノミー（Sharing
Economy）と呼ばれます。シェアリングエコノミーの登場は，あらゆる産業分

---

[3] https://xtech.nikkei.com/atcl/nxt/mag/rob/18/00007/00002/
[4] 人工知能学会 2020　　https://sites.google.com/view/jsai2020os-worldmodel/home

野において，パラダイムシフトを引き起こしています。

　シェアリングエコノミーとは，物・サービス・場所などを，プラットフォームを介して，個人間で貸借や売買，交換する社会的な仕組みを指します。一番最初に成功したシェアリングエコノミー例は，2008 年に「民泊」の仲介サービスを始めた米国の Airbnb と言われています。それを皮切りに，車・ペットシッターなどのサービスを仲介するビジネスも登場しています。

　シェアリングエコノミーの中心に AI があります。例えば，Airbnb において，AI は需要を予測し，立地，レビュー数，ローカルイベントの有無など各種パラメータで適切な宿泊費を算出します。

　AI やビッグデータ活用は，テクノロジー企業だけでなくほぼすべての業種で必要となってきています。一見すると高度なテクノロジーと無縁と思われる旅館業などの業界から，AI や IoT が活用され，様々な新しいビジネスモデルが生まれてきます。テクノロジーをどう活用するかが，企業の命運を左右するような状況が生まれつつあります。自分たちのビジネスはテクノロジーとは無縁，難しいことはよく分からないと考えて，時代遅れになるか，いち早く転換できるかが，大きな分かれ道になるでしょう。

2

データリテラシー

なぜデータリテラシーを身につけなくてはならないのか？

　昨今のインターネットをベースとしたテクノロジーの発展はめざましいものがあります。この発展によって手に入るデータの量や質が格段に高まっており，これを最大限に活かしたいと考えるのは当然のことのように思えます。「データを活かしたい！」と思ったときどのようにすればよいのでしょうか？例えば**ビッグデータ**と呼ばれるようなデータは，その大きさが尋常ではありません。そのような巨大な数字の羅列を見ているだけではそれを活かすことはできません。そこでデータを要約する方法を学ぶ必要があります。2.1 節でその方法について説明します。

　そもそも集めてきたデータは適切に集められたものなのでしょうか？　次の例を考えてみます。

例 (アンケート調査の結果の操作)

　飲み物の好みに関する調査を行うとします。そのために「次の 4 つの飲み物の中から好きな飲み物を 1 つ選んでもらう」というアンケートを行ったとします。

　(1) コーラ，(2) カルピス，(3) オレンジジュース，(4) アップルジュース

そのアンケートの結果が

1 位：コーラ，2 位：オレンジジュース

3 位：アップルジュース，4 位：カルピス

であったとします。この結果を受けてもし「もう一度アンケート調査を行いオレンジジュースを 1 位にして欲しい」とお願いされたら，そのようなアンケー

トを作ることは可能でしょうか？　例えば「コーラを分解し，票を分散させる」
という方法が考えられます。実際アンケートの選択肢を

(1) コカコーラ，(2) ペプシコーラ，(3) カルピス

(4) オレンジジュース，(5) アップルジュース

とした場合，コーラと選んだ人は「コカコーラ」と「ペプシコーラ」に分かれ
ると考えられ，その結果オレンジジュースが 1 位となる可能性が生まれます。

数字はうそをつかないが…

　数字はうそをつきませんが，どのようにしてその数字が出てきたのか注意し
なくてはなりません。上のアンケートの例のように，ある特定の意図を持って
操作された可能性があります。もしこのようなデータの背景に注意せずにデー
タを分析すると，誤った判断をすることにつながります。意図して操作された
データであるかどうかを判断するためには，操作の例をいくつか知ることが重
要です。2.2 節でいくつかの例を紹介します。

2.1　データを読む

2.1.1　データの種類

　まずはデータを分析する方法について説明します。データにはいくつかの種
類があり，その種類ごとで分析の方法が異なってきます。データは大きく「量
的データ」と「質的データ」の 2 種類に分けることができます。まずはこれら
について説明していきます。

(1) 量的データ

　次のデータは数値で表されたデータです。

- ある大学におけるある授業の試験の点数
- ある高校のあるクラスの身長
- ある年のプロ野球セントラルリーグの規定打席達成者の本塁打数

このように数値で表されたデータのことを**量的データ**と呼びます。量的データ
は数値なので数学・統計を用いた客観的な解析が可能となります。例えば試験
の点数の平均点を計算するなどです。授業を履修している学生を A クラスと

Bクラスに分け，それぞれに対し同じ試験を行ったとします。AクラスとB
クラスの成績を比較したいときは，例えばそれぞれの平均点を計算して比べま
す。これによって客観的にAクラスとBクラスを比較することができます。

(2) 質的データ

数値で表されないデータを扱うこともあります。例えば，

- ある映画館において，平日のある時間帯に訪れた人たち全員の性別
- ある遊園地において，入場者から住んでいる都道府県はどこかアンケー
  トをとった。アンケート回答者の住んでいる都道府県

などです。性別・都道府県・職業などのデータは**質的データ**と呼ばれます。質
的データは数値ではないため，そのままでは数学や統計の手法は使えません。
そこで**ダミー変数**を導入して形式的に量的データとして扱うこともあります。
性別の場合，例えば男性を 0，女性を 1 として数値化することで性別を量的
データと考えることができます。

2.1.2 データの分布と代表値

例えば，ある共学の高校のあるクラスが
40 人からなるとします。数学の試験を行
い，その結果を表 2.1 のように名前順に表
にします。この数字の羅列をただ眺めてい
るだけでは，このデータの特徴をとらえる
ことは困難です。データの特徴をとらえる
ためにいくつかの方法があります。これか
ら代表的な方法を紹介します。

表 2.1 名前順の成績表

名簿	点数
A さん	68 点
B さん	62 点
C さん	49 点
⋮	⋮

(1) 度数分布表・ヒストグラム

まず1つ目の手法は**度数分布表**と呼ばれる表を作成するというものです。試
験の点数の例だと，まず例えば 0 から 100 を 5 点間隔に区切って 20 個の階級
を作ります。それぞれの階級に入る人数を数えて表にします。45 点以上 50 点
未満が 2 人，50 点以上 55 点未満が 4 人などと数えていき最終的に表 2.2 の左
側の表ができ上がります。このような表を度数分布表といいます。また各階級

表 2.2　左が試験の点数, 右が身長の度数分布表

階級	度数
45 点未満	0
45 点以上 50 点未満	2
50 点以上 55 点未満	4
55 点以上 60 点未満	8
60 点以上 65 点未満	10
65 点以上 70 点未満	8
70 点以上 75 点未満	2
75 点以上 80 点未満	2
80 点以上 85 点未満	2
85 点以上 90 点未満	1
90 点以上 95 点未満	1
95 点以上	0

階級	度数
150cm 未満	0
150cm 以上 155 点未満	5
155cm 以上 160cm 未満	7
160cm 以上 165cm 未満	8
165cm 以上 170cm 未満	4
170cm 以上 175cm 未満	7
175cm 以上 180cm 未満	6
180cm 以上 185cm 未満	3
185cm 以上	0

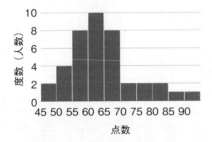

図 2.1　ある 40 人クラスの試験の
点数のヒストグラム

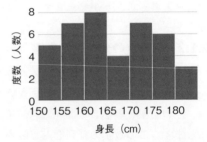

図 2.2　ある 40 人のクラスにおける
身長のヒストグラム

に含まれる人の数を**度数**と言います。例えば「45 点以上 50 点未満」という階
級の度数は 2 となります。この表を眺めればこの試験の得点のデータの特徴が
見えてきます。この試験の点数は 55 点から 70 点付近に固まっていることが
わかります。さらに視覚的にわかりやすくするために度数分布表の値を棒グラ
フで表すこともよく行われます。この棒グラフを**ヒストグラム**と言います。こ
の試験のヒストグラムは図 2.1 になります。

　もう一つ例を考えます。この同じクラスで身長のデータをとり，ヒストグラ
ムが図 2.2 になったとします。このヒストグラムの注意すべき点は形状です。

この身長のグラフは山が2つあります。このように山が2つあるヒストグラムを**双峰型**と言います。一方で数学の試験は山が1つだけです。山が1つとなるヒストグラムを**単峰型**と言います。実は，一般的に双峰型のヒストグラムを持つようなデータは分析しづらくなります。なぜ双峰型のヒストグラムになってしまったのでしょうか？ その理由として，男女に分けずに身長のヒストグラムを考えてしまったことが挙げられます。このあたりの事情は2.1.7で説明します。

(2) 代表値

2つ目の手法は**代表値**と呼ばれるものを計算することです。度数分布やヒストグラムは視覚的に理解するのに優れた手法ですが客観性に欠けることがあります。例えば，ある小学校の5年生の身長と6年生の身長を比べるとします。5年生の身長のヒストグラムと6年生のヒストグラムを作成し比べてみると，なんとなく「6年生の方が5年生よりも身長が高い傾向がある」ということが読み取れますが，「どのくらい身長が高いのか？」などはこれではよくわかりません。そこでこれから説明する代表値の一種である「平均」を5年生，6年生それぞれに対し計算すれば，どのくらい大きいか数値化することができます。さらにこの平均の計算は，誰が行っても同じ結果になります。つまり平均を計算することによって客観的にデータを分析することができるのです。

代表値と呼ばれるものはいくつかあります。ここでは3つ紹介します。もっともよく使われる代表値は**平均**です。通常，平均は個々の値をすべて足し，個数で割ったものを表します。例えば3, 7, 4, 1, 8という5つの数からなるデータの平均は

$$\frac{3+7+4+1+8}{5} = 4.6$$

となります。

次に**中央値**と呼ばれる代表値を説明します。中央値はデータを小さい順に並べた時に真ん中にくる値のことです。例えば3, 7, 4, 1, 8という5つの数からなるデータの中央値は，データを小さい順に並べると1, 3, 4, 7, 8なので，4となります。5, 4, 7, 2という4つの数からなるデータの中央値を考えてみます。データを小さい順に並べると2, 4, 5, 7で真ん中にくる値がありません。この場合真ん中にある2つの数4, 5の平均を取ります。すなわち5, 4, 7, 2の中央値は4.5となります。

　最後は**最頻値**と呼ばれる代表値です。最頻値とはデータの中で最も頻繁に現
れた値のことです。連続した値のデータでは，度数分布の中で度数がもっとも
多い階級の範囲の中央の値を最頻値とします。例えば上の数学の試験の場合だ
とデータの中で最も頻繁に現れる階級は 60 点以上 65 点未満であることが度
数分布表 (表 2.2 の左側の表) から分かります。最頻値は，60 点以上 65 点未
満という範囲の中央の値である 62.5 点となります。

　これらの代表値はデータがあればそれぞれ求めることができます。しかしな
がら代表値がデータの特性を捉えているとは言い難い状況もあります。例えば
ヒストグラムが双峰型になってしまう場合です。身長のデータ (表 2.2) は双
峰型ですが，この場合平均値・中央値を求めると，2 つの山の谷にあたる値に
なってしまいデータを代表する値とは言いづらい状況になります。先ほど「双
峰型のヒストグラムを持つようなデータは分析しづらい」と言いましたが，そ
の理由の一つがこれになります。

2.1.3　代表値の性質の違い

　これまで 3 つの代表値について説明しました。ここではこれらの代表値の性
質の違いについて説明します。平均値はいろいろなところで使われる代表値で
すが，弱点があります。それは一部のデータが非常に大きな値をとるとき，平
均値はその大きな値につられて高くなってしまう点です。

例（2017 年度の全国の二人以上の世帯の貯蓄額）

　図 2.3 は総務省統計局による 2017 年度の「貯蓄現在高階級別世帯分布 (二人
以上の世帯)」についてのヒストグラムです。このヒストグラムをみると貯蓄
が 100 万円未満の世帯がもっとも多いことがわかります。中央値が 1074 万円
なので貯蓄が 1074 万円以下である二人以上の世帯はちょうど半数にあたりま
す。一方で平均値は 1812 万円と中央値と比べてかなり高い数値となっていま
す。平均値が高い数値となる理由は，一部の (群を抜いて) 裕福な世帯の影響
を受けてしまうからです。その結果，平均値を下回る世帯が約 3 分の 2 を占
めています。日本語には「平均的」という言葉があります。これにはあるまと
まりの中でもっとも普通である様や，普通程度である様，などの意味がありま
す。しかしながらここでの貯蓄額の「平均」はこのようなニュアンスとはかけ
離れたものとなります。一方で中央値は貯蓄額を小さい順に並べたときに真ん

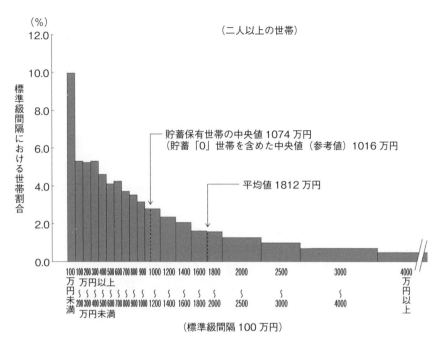

図 2.3　貯蓄現在高階級別世帯分布
（総務省統計局，家計調査報告書をもとに作成）

中にくる値です。このため一部の数値が非常に大きくなったとしても中央値
は，この大きな数値からの影響を受けにくい代表値となります。つまり平均値
よりも中央値の方が「平均的な」値と言えます。

　2017 年度の全国の二人以上の世帯の貯蓄額のヒストグラムの形状に注目し
ましょう。左側に山があり右に裾が長く続いています。このようなヒストグラ
ムを**右に裾が長い**ヒストグラムと言います。このような形状のヒストグラムの
場合，最頻値・中央値・平均値の大小関係は一般的に

最頻値 ＜ 中央値 ＜ 平均値

となります。

問 2.1

(1) 以下の項目は量的な項目であるか質的な項目であるか，述べてください。
1. 性別
2. 年齢
3. 世帯人数
4. 郵便番号

(2) ある日の神戸の気温が 30°C で，同じ日の札幌の気温が 15°C であったとき，「神戸は札幌よりも 2 倍温度が高い」という表現は適切でしょうか？

(3) 次の 2 つの文章は適切でしょうか？
(a) ある路線バスが行きは時速 30km，帰りは時速 20km で往復したとすると，その平均時速は 25km である。
(b) ある町の年間の人口増加率が 10% で，翌年の人口増加率は 40% であったとすると，この 2 年間の平均人口上昇率は 25% である。

2.1.4　データのばらつき

データの特性を調べるにあたって平均や中央値などの代表値は重要ですが，これら代表値だけでは捉えきれないデータの特性はたくさんあります。その中でもっとも重要なのがデータの**ばらつき具合**です。例えばあるスポーツの選手をある指標を用いて比較して優劣をつけたいとします。ある指標では，ほとんどの選手が同じ値に集中したとします (つまりばらつきが小さい)。この場合この指標を用いて選手の優劣をつけるのは難しくなります。一方，ある指標ではそれぞれの選手の数値が適度にばらけたとします。この場合は優劣がつけやすくなります。このようにある指標をもとに何かを比較したい場合，その数値のばらつきがどの程度かが重要になります。

(1)「ばらつきの小ささ」＝「精度」

データのばらつきの小ささは「**精度**」と考えられることがあります。例えばバッティングセンターでは，野球のボールを投げる機械がおいてあり，その機械が投げるボールを打ち返して遊びます。バッティングセンターには様々な球

速を投げる機械が用意されています。例えば時速 130km のボールを投げる機械があったとします。さてこの機械が投げるボールの速さは毎回時速 130km なのでしょうか？ 実際に計測してみると速さが時速 128km や時速 132km となることがあります。つまり実際に計測される速さにはばらつきがあります。ばらつきが小さいほど精度の良い機械ということになります。ばらつき具合を数値化することで，どのくらい精度が良いのか数字で表すことができます。

(2) 分 散

　これからデータのばらつき具合を数値化する方法を説明します。まずは**分散**と呼ばれるばらつきを表す指標を説明します。データの各値と平均の差をとり，それぞれの差を 2 乗してすべて足し合わせます。これをデータの個数で割ったものが分散です。この操作を数式を使って説明すると次のようになります。n 個の数値 $x_1, \ldots, x_n$ があり，その平均を $\bar{x}$ とします。このときの分散は

$$\frac{(x_1 - \bar{x})^2 + (x_2 - \bar{x})^2 + \cdots + (x_n - \bar{x})^2}{n}$$

となります。言葉での分散の説明よりも，数式での説明の方が簡潔でわかりやすくなります。具体例を出します。表 2.3 にある 4 人の身長のデータの分散を考えます。このデータの平均は

$$\frac{160 + 156 + 162 + 158}{4} = 159$$

です。分散の式にあてはめれば，

$$\frac{(160 - 159)^2 + (156 - 159)^2 + (162 - 159)^2 + (158 - 159)^2}{4} = 5$$

となりこのデータの分散は 5 だとわかります。

　データのばらつきが大きくなると分散は大きくなると考えられます。その理由を説明します。ばらつきが大きい，ということを「データの各値が平均付近に固まっていないこと」

表 2.3 4 人の身長

A さん	B さん	C さん	D さん
160cm	156cm	162cm	158cm

と考えます。もしデータのいくつかの値が平均から離れていると，その値と平均の差は，プラスの大きい値またはマイナスの大きい値になります。これらの

差を 2 乗することですべてプラスの大きな値になります。この 2 乗した値を
すべて足すわけですから，平均から離れている値がいくつかあると，この足し
算の結果は大きくなります。その結果，分散は大きくなります。このような理
屈で分散はデータのばらつきの指標と考えることができるのです。

(3) 標準偏差

分散には弱点があります。例えば上の 4 人の身長の例だと，平均は 159cm
で分散は 5 です。この平均に分散を足したり引いたりすることには意味があり
ません。なぜなら単位が異なるからです。平均の単位は cm ですが，分散の単
位は cm^2 となります。これは分散を計算するときに各値と平均の差を 2 乗す
るからです。そこで平均の単位と分散の単位を揃えることを考えます。どうす
るかというと，分散の正の平方根をとります。つまり 2 乗して分散の値になる
ような正の数を求めます。この分散の正の平方根を**標準偏差**と言います。

上の 4 人の身長の例だと，分散が 5 なので 2 乗して 5 となる正の数が標準
偏差となります。実際，標準偏差は大体 2.236 ぐらいになります。この標準偏
差の単位は平均の単位と一致します。つまり平均に標準偏差を足したり引いた
りすることができます。このことは例えば次のように使われます。あるデータ
に対して「観測値のほとんどの値を含むような範囲」を考えたいとします。こ
のとき次の範囲が目安として使われます：

$$「(平均) - 2 \times (標準偏差)」から「(平均) + 2 \times (標準偏差)」の間$$

逆にこの範囲から外れる観測値は珍しい観測値だと考えられます。4 人の身長
の例だと「154.528 cm から 163.472 cm の間」がその範囲になります。この場
合はすべての観測値がこの範囲に含まれています。

他の例を考えます。2019 年度の「学校保健統計調査」の体重の年齢別分
布から 5 歳男児と 17 歳男性のデータを抜き出しヒストグラムを作成します
(図 2.4)。横軸は体重を表し，縦軸は割合 (パーミル‰) を表します。例えば
17 歳男性のデータのヒストグラムにおいて横軸が 54kg のとき，縦軸の値はお
およそ 40 になります。これは 1000 人に 40 人は体重が 54kg であることを意
味します。他の公開されているデータから，

- 5 歳男児の体重の平均値は 18.9kg で標準偏差は 2.59kg
- 17 歳男性の体重の平均値は 62.5kg で標準偏差は 10.64kg

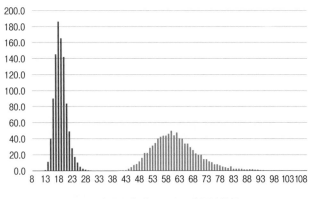

■5歳男児体重　■17歳男性体重

図 2.4 5歳男児と17歳男性の体重
（文部科学省, 2019年度学校保健統計調査をもとに作成）

であることがわかります。5歳男児の体重と17歳男性の体重のヒストグラム
を観察しましょう。どちらも単峰型です。峰は平均付近にあります。2つの
データの大きな違いは値のばらつき，つまり集中具合です。5歳男児の体重の
値は平均付近に集中しています。一方で17歳男性の体重の値も平均付近に集
まっていますが，5歳男児の体重ほど集中していません。ばらつきが大きくな
ると分散の値が大きくなると説明しました。標準偏差は分散の正の平方根です
ので，ばらつきが大きくなると標準偏差も大きくなります。実際5歳男児の標
準偏差は 2.59kg で17歳男性の標準偏差は 10.64kg で，確かにばらつきの大
きい17歳男性の方が標準偏差は大きくなります。

(4) 偏差値

　次に偏差値について説明します。先程の5歳男児と17歳男性の体重のデー
タを考えます。例えば体重が 24.9kg の5歳男児がいたとします。この男児は，
ヒストグラムをみると5歳男児の中ではかなり珍しいほど体重が大きいことが
わかります。この 24.9kg と平均との差は 6kg であることに注意します。一方
で体重が 68.5kg の17歳の男性がいたとします。この 68.5kg と平均との差も
6kg です。しかしながら 68.5kg は珍しくはなくありふれた数値です。

　ある値のデータの中における位置づけを考えたいとします。データの中にお
ける位置づけを表すのに「平均との差」はよく使われます。しかし上の例で示

したとおり，平均との差を考えるだけでは不十分な場合があります。このような場合，**偏差値**と呼ばれる位置づけを表す数値が使われます。ある観測値の偏差値は次の式で定義されます：

$$50 + 10 \times \frac{\text{ある観測値} - \text{平均}}{\text{標準偏差}}$$

体重が 24.9kg の 5 歳男児の偏差値は

$$50 + 10 \times \frac{24.9 - 18.9}{2.59}$$

でおおよそ 73.1 となります。体重が 68.5kg の 17 歳男性の偏差値は 55.6 となります。もしデータが平均値に等しいとき，偏差値は 50 となります。偏差値が 50 に近いとその観測値は，データの真ん中付近に位置づけられるありふれた値だと考えられます。一方で，大学入試試験の模擬試験で偏差値がよく用いられますが，70 を超える人は珍しいという印象があります。体重が 24.9kg の 5 歳男児の偏差値は 70 を超えています。確かにヒストグラムを見るとこの体重は群を抜いて大きいことが分かります。(体重などの) 観測値が偏差値が 70 を超えるか，または偏差値が 30 を下回るかは平均からの離れ具合の一つの目安になります。

(5) おまけ（単位について）

　標準偏差の導入を説明する際に「平均と分散では単位が異なる」また「平均と標準偏差は単位が同じ」と言いました。これはどういうことなのでしょうか？ 例えば身長の例を考えます。このデータでは身長は cm で表現されていますが，mm で表現してみましょう。これはデータの各値を 10 倍すれば良いことになります。

　ではこの mm で表したときの分散はどうなるでしょうか？ 計算すると 500 とな

表 2.4　4 人の身長

A さん	B さん	C さん	D さん
1600mm	1560mm	1620mm	1580mm

ります。つまり cm で表した時の分散と比べて 100 倍になります。データの各値を 10 倍すると分散は 100 倍になるということです。10 倍と 100 倍で倍率が異なります。このようなことが起こるということは，観測値と分散の単位が揃っていないということを意味します。一方で標準偏差はどうでしょう。計

算してみると大体 22.36 になります。つまり cm で表した時の標準偏差と比べて 10 倍になります。データの各値を 10 倍すると標準偏差は同じ 10 倍になります。10 倍すると 10 倍でこれは観測値と標準偏差の単位が揃っていることを意味します。ちなみに偏差値はどうでしょうか？ 身長を mm で表して偏差値を計算すると実は cm で計算したときと同じ値になります。例えば A さんの偏差値はどちらの単位で計算しても 54.472 です。このようにデータの各値を 10 倍しても偏差値は変わりません。このような性質を持つ値を**無名数**と言います。

問 2.2

(1) ある 5 人の 22 歳のときの年収と 42 歳のときの年収を調査したところ表 2.5 のようになりました。22 歳における年収の標準偏差はおおよそ 70.7 万円で 42 歳における年収の標準偏差はおおよそ 204.0 万円です。20 年で (ばらつきを表す指標である) 標準偏差が大きくなっています。ではこの結果から 5 人の所得格差は大きくなったと言えるでしょうか？

表 2.5 5 人の年収

	A さん	B さん	C さん	D さん	E さん
22 歳時の年収	200 万円	150 万円	250 万円	100 万円	300 万円
42 歳時の年収	1000 万円	950 万円	1100 万円	1500 万円	1300 万円

(2) ある高校で数学の試験を行い，成績結果が

満点: 100 点　平均: 50 点　分散: 100　標準偏差: 10 点

であったとします。

(a) このテストの全員の点数に 5 点を加えることをしたとします。その際，100 点を超える人はいなかったとします。このとき平均・分散・標準偏差にはどのような変化があるでしょうか？

(b) 全員の点数を 2 倍にし，満点を 200 点とすると，平均・分散・標準偏差にはどのような変化があるでしょうか？

2.1.5　観測データに含まれる誤差の扱い

　2.1.4 においてバッティングセンターにある機械には，投げるボールの速さには ばらつきがあると言いました。「時速 130km の速さのボールを投げる」と書いてある機械がたまに時速 128km のボールを投げることがあり，時速 130km と実際の観測値とで誤差が生じます。統計学ではこのような誤差はランダムに出るものだと考えます。この誤差を確率論を用いて処理します。

　例えばバッティングセンターにあるようなボールを投げる機械を考えます。 まだこの機械がどれくらいの速さのボールを投げるのかわかっていないとします。投げるボールの速さを知るにはどうすればよいのでしょうか? 1 回投げさせて観測した速さを表示するのは適切ではありません。なぜなら実際に投げるボールの速さにはばらつきがあると考えられるからです。このような場合，機械に多くのボールを投げさせ，その都度球速を測定し，その測定値の平均をとることを考えます。この平均こそが「この機械はどの程度の速さの球速を投げるのか」を示すのに適した値であると言えます。この主張が正しいことは確率論が保証しています。

2.1.6　打ち切りや脱落を含むデータ

　打ち切りとは，最後の結果がわかる前に観察を終了することを言います。例えばあるスポーツジムで，会員の継続期間の長さについての調査が行われたとします。その調査は 1 年間にわたって行ったとします。ある人は会員を 1 年間継続したとします。この人は調査終了後も会員であり続ける可能性が残されています。しかしながら 1 年間で調査が終了してしまうので，このような長く継続する人と，調査後すぐに退会してしまう人とは区別がつかないことになります。このような場合，データから正しい結論が導けない可能性があります。

　データの一部に何らかの脱落がある場合も注意が必要です。例えば，ある商店で売り上げを記録していたがある日たまたま記録するための機械が故障し，その日の売り上げが記録できなければデータに脱落が生じます。またアンケート調査を行ったとしても，回答者全員が完全に回答してくれるとは限りません。脱落のあるデータをそのままにしておくと分析の妨げになることがあります。何らかの方法で処理することが望まれます。

2.1.7　層別の必要なデータ

例えば男女の身長を考えましょう。図 2.5 は 2019 年度に行われた「学校保健統計調査」の身長の年齢別分布から高校 3 年生 (17 歳) の男女の身長のデータを抜き出し，ヒストグラムにしたものです。横軸は身長 (cm) を表し，縦軸は割合 (パーミル ‰) を表します。つまり例えば男性のヒストグラムにおいて横軸が 170cm のとき，縦軸の値はおおよそ 73 ですが，これは 1000 人に 73 人は身長が 170cm であることを意味します。他の公開されているデータから，男性の身長の平均は 170.6cm で，女性の身長の平均は 157.9cm であることがわかります。それぞれのヒストグラムの形状は単峰型で，データはちゃんと平均付近に固まっています。

多くの場合，このように身長のデータは男女別に分けられています。その理由は何でしょうか？　もし仮に男女の身長のデータを混ぜてヒストグラムを作成するとどうなってしまうでしょうか？　実際に作成すると双峰型のヒストグラムになってしまいます。つまり峰が 2 つになります。これは男女別のヒストグラムの峰の位置がずれているために起こります。この双峰型のヒストグラムでは「データの各観測値が (平均などの) 代表値の周辺に固まっている」ということが成り立たなくなります。このような場合，平均や標準偏差という値は

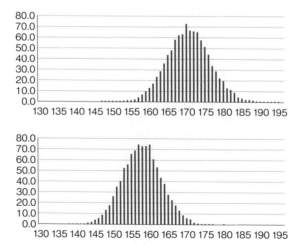

図 2.5　上：17 歳の男性の身長，下：17 歳の女性の身長
（文部科学省，2019 年度学校保健統計調査をもとに作成）

このデータを表す指標としての役割を果たせていないといえます。このような理由から双峰型のヒストグラムはなるべく避けるべきです。避けるために，先ほどの男女合わせた身長の例だと男女に分けることを考えるわけです。このように異なる属性のデータが混合したデータにおいては層別にデータを分けることを行います。

2.1.8　相関関係

　多くの場合，2つの異なる事柄から何かしらの関係を見つけることを動機にデータを分析します。例えば身長と体重の間には大雑把に「身長が増えれば体重も増える」という関係があるように思えます。しかしながら身長が同じでも筋肉の量や体脂肪の違いから体重が異なることがあります。実際どのような関係があるのでしょうか？　これを調べるためのいくつかの方法を説明します。

(1) 散布図

　1つ目は**散布図**を描くという方法です。散布図は2種類のデータを平面にプロットしたものです。この方法によって関係を視覚的に捉えることができます。百聞は一見にしかずという言葉がありますが，やはり視覚的に捉えることができるこの方法はとても重要です。

　例えばある年度にあるプロ野球球団に所属する選手の身長と体重を考えてみます。このデータの散布図の書き方を説明します。ある選手の身長体重がそれぞれ 185cm, 102kg であったとします。この数字の組 (185cm, 102kg) を表す点を，図 2.6 にあるように平面に打ち込みます。ここで平面の横軸は身長

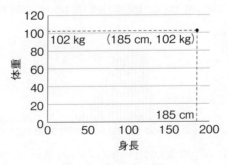

図 2.6　点のプロット

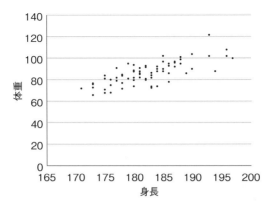

図 2.7　身長体重の散布図
（日本野球機構，阪神タイガース 2020 年度選手一覧をもとに作成）

(cm) を表し，縦軸は体重 (kg) を表すこととします。すべての選手についてこのように点を平面に打ち込みます。そうすると図 2.7 ができます。この図を**散布図**と言います。

　図 2.7 を見れば身長が大きくなれば体重が増える傾向にあることが読み取れます。このように 2 種類の項目 (身長・体重など) について一方の数字が増えたとき，もう一方の数字が増える関係があるとき，この 2 種類の項目には**正の相関がある**と言います。逆に一方の数字が増えたとき，もう一方の数字が減る関係があるとき，この 2 種類の項目には**負の相関がある**と言います。また散布図から正の相関・負の相関の関係以外にもいろいろなことが読み取れます。例えば，直線関係の強さが分かります。上の散布図を見るとそれぞれの点はある直線の近くに固まっているように見えます。散布図に対して**回帰直線**と呼ばれる重要な直線を描くことができます。これは散布図にプロットされているデータの傾向を示す直線のことです。回帰直線については 2.2.1 で説明します。

(2) 相関係数

　2 つ目は**相関係数**を計算するという方法です。この方法によって正の相関関係，負の相関関係，また直線関係の強さを数値化することができます。これから相関係数の定義を説明します。2 項目のデータがあったとします。例えば身長と体重のデータだとします。この身長と体重の**相関係数**は次で定義されます：

$$\frac{[身長と体重の共分散]}{[身長の標準偏差] \times [体重の標準偏差]}$$

他の項目のデータの相関係数を考えたいときは，「身長」と「体重」のところ
を考えたい項目に置き換えてください。**共分散**と言う新しい言葉が出てきまし
たが，今からこれを定義します。身長と体重の共分散は，簡単に言うと「身長
の偏差と体重の偏差の積の平均」です。ここで身長 (または体重) の**偏差**とは，
身長 (体重) の各値から身長 (体重) の平均を引いた値のことです。共分散を式
で表すと次のようになります。n 人の身長 $x_1, x_2, \ldots, x_n$ と体重 $y_1, y_2, \ldots, y_n$
の平均をそれぞれ $\bar{x}, \bar{y}$ で表すことにします。このとき身長と体重の共分散は

$$\frac{(x_1 - \bar{x})(y_1 - \bar{y}) + \cdots + (x_n - \bar{x})(y_n - \bar{y})}{n}$$

と定義されます。標準偏差については 2.1.4 において説明しました。相関係数
の定義は多少複雑ですが，実際の計算はコンピュータに任せてしまいます。例
えば Excel やスプレッドシートなどの表計算ソフトを使うのであれば「correl
関数」と呼ばれる関数を使って計算します。この関数については 2.3.3 で詳し
く説明します。

　相関係数について覚えておいてほしい性質がいくつかあります。それは

- 相関係数の値は -1 から 1 の間の数をとる
- 1 に近いほどそのデータの散布図の点は，右上がりの直線関係をみたす
  傾向が強くなり，逆に -1 に近いほどそのデータの散布図の点は，右下
  がりの直線関係をみたす傾向が強くなる

ということです。先ほどのある年度にあるプロ野球球団に所属する選手の身長
と体重の相関係数は 0.75416319 になります。散布図を見ると確かに点は右上
がりの直線関係をある程度みたしているように見えます。相関係数の値の評価
は使われる分野によって異なります。とりあえずは次の目安を頭に入れておく
と良いでしょう。

-1 から -0.7	-0.7 から -0.4	-0.4 から -0.2
強い負の相関関係	中程度の負の相関関係	弱い負の相関関係

0.2 から 0.4	0.4 から 0.7	0.7 から 1
弱い正の相関関係	中程度の正の相関関係	強い正の相関関係

−0.2 から 0.2 の間だとほとんど関係はないと考えられます。あくまでもこれは目安です。相関係数という数字だけで判断するのではなく，実際に散布図を作成し目で確認することが大切です。

(3) クロス集計表 (分割表)

これまでは量的変数の間の関係を考えてきましたが，質的変数の間の関係を調べたいことがしばしばあります。そこで役に立つのが**クロス集計表 (分割表**とも言われる) です。例えば，ある商店でクーポンを配布して売り上げを増やすことを考えたとします。実際にクーポンを配布した後その効果を分析したいとき，どのようにすればよいでしょうか？ このためにはまず，顧客全体をクーポンを配布したグループとクーポンを配布しなかったグループに分ける必要があります。この分析での質的変数は「商品を買ったか買わないか」と「クーポンをもらったか，もらわなかったか」です。この 2 つの変数の間の関係を調べたいのです。そこでそれぞれのグループの中で商品を買った人，買わなかった人の人数を数え，表にしたものがクロス集計表です。クロス集計表が表 2.6 のようになったとします。この表からどのようなことが読み取れるでしょうか？ 例えば

- クーポンを配布した 100 人のうち 25 人は商品を買った。つまりクーポンをもらった人のうち 25% の人が商品を買った。
- クーポンを配布しなかった 200 人のうち 30 人は商品を買った。つまりクーポンをもらわなかった人のうち 15% の人が商品を買った。

クーポンをもらうことで商品を買う人の割合が増えているので，クーポンの配布は売り上げの増加につながったと推論ができます。

表 2.6 クーポンと商品購入の関係

	商品を買った	商品を買わなかった	合計
クーポンを配布した	25	75	100
クーポンを配布しなかった	30	170	200
合計	55	245	300

2.1.9　散布図行列・相関係数行列

　上では 2 種類のデータに絞ってその間の関係を調べました。実際にデータ
を分析する場合，2 項目以上のデータを扱うことが多くなります。例えば，プ
ロ野球の打者についての記録・指標が複数あります。打率・本塁打数・打点数
などがそれにあたります。このようなデータの複数の項目の中から，お互いに
関係する項目を探したいとします。効率よく関係する項目を見つける方法と
して，**散布図行列・相関係数行列**があります。これらによって項目間の関係を
一気に俯瞰してみることができます。次の例でこれらの方法について説明し
ます。

　2019 年度のセントラル・リーグにおける規定打席達成者の打率順位の上位
30 位を対象に個人打撃成績を考えます。特に次の 4 つの指標：得点 (run)・本
塁打 (home run)・打点 (run batted in)・盗塁数 (stolen base) を考え，これ
らの指標の間の関係を調べたいとします。

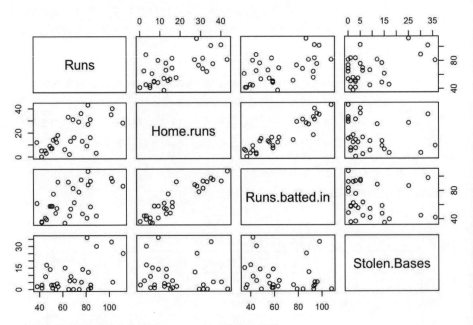

図 2.8　個人打撃成績 4 項目についての散布図行列
　　　　（日本野球機構, 2019 年度セントラル・リーグ・シーズン成績をもとに作成）

(1) 散布図行列

まずは散布図行列について説明します。まず，これら4つの項目から2つの項目を選び出し，この2つの項目についての散布図を書きます。これをすべての組み合わせについて考え，それらを並べたものが散布図行列です。今回の個人打撃成績については図2.8のようになります。右上と左下には同じ散布図が描かれています。ですから右上だけを見れば大丈夫です。この図を見るとまず，本塁打数と打点数の間に強い正の相関関係が見られることが分かります。盗塁と他の指標の間には相関関係が見られないことも分かります。

(2) 相関係数行列

次に相関係数行列について説明します。これはこれら4つの項目から2つの項目を選び出し，この2つの項目についての相関係数を計算します。これをすべての組み合わせについて考え，それらを並べたものが相関係数行列です。今回の個人打撃成績については表2.7のようになります。相関係数行列はこのように正方形の形に数字が並んだものになります。さらに対角線が対称軸になって右上と左下には同じ数字が並んでいます。このように対称に数字が並んだものを**対称行列**と言います。対称行列は数学的に良い性質をもちます。そのような性質を用いたデータの分析方法があります。例えば**主成分分析**がその例に当たります。主成分分析についてここでは詳しく説明できませんが，これは，データの項目が多すぎて困った時に，似たような変数をまとめて新しい変数を作りデータの項目を減らす手法になります。

表 2.7　個人打撃成績の相関係数行列

	Runs	Home runs	Runs batted in	Stolen bases
Runs	1	0.6405014	0.5330375	0.4662145
Home runs	0.6405014	1	0.9233240	−0.1292693
Runs batted in	0.5330375	0.9233240	1	−0.1655241
Stolen bases	0.4662145	−0.1292693	−0.1655241	1

（日本野球機構, 2019年度セントラル・リーグ・シーズン成績をもとに作成）

2.1.10　相関関係と因果関係

　相関関係は大雑把にいうと「2 種類のデータの数値が連動している」という
関係のことです。相関関係より強い関係として**因果関係**と呼ばれるものがあり
ます。これは「2 種類のデータの数値に原因とその結果の関係がある」という
ものです。因果関係を見つけることを動機としてデータ分析を行うことは多々
あります。注意しなくてはならないのは，**2 つの項目の相関係数が高いからと
いって，その 2 つの項目に因果関係があるとは限らない**ということです。つま
り相関関係の値だけで因果関係を裏付けることはできません。

例 (「コンビニエンスストアの数」と「刑法犯認知件数 」)

　例えば平成 26 年度の都道府県別にコンビニエンスストア (コンビニ) 数 (平
成 26 年商業統計調査 https://www.meti.go.jp/statistics/tyo/syougy
o/result-2/h26/index-gyodata.html) と刑法犯認知件数 (平成 26 年犯
罪統計書 https://www.npa.go.jp/toukei/soubunkan/h26/pdf/H26_ALL
.pdf) を考え，その間の関係を調べてみます。コンビニ数と刑法犯認知件数の
相関係数はおおよそ 0.904 となります。つまりこの間には強い正の相関が見ら
れます。「コンビニが増えると刑法犯認知件数が増える」傾向にあります。し
かしこの結果だけから「コンビニが多いから刑法犯認知件数が増えた」と主張
するのは無理があります。この因果関係の主張には次のような反論が考えられ
ます。強い正の相関が見られた要因は因果関係があるからではなく，他の変数
の影響によるものである。すなわち都道府県の総人口という変数の影響を受け
たということです。総人口とこれらの数との相関係数をそれぞれ計算すると，

- 総人口とコンビニ数の相関係数はおおよそ 0.973
- 総人口と刑法犯認知件数の相関係数はおおよそ 0.958

となります。「人口が多いからコンビニが多い」や「人口が多いから刑法犯認
知件数が多い」という関係はより自然に思えます。この総人口という変数を介
してもとの 2 つの変数の相関が強くなったと考えられます。このように調べた
い 2 つの変数それぞれと相関が強い他の変数が存在するとき，もとの 2 つの変
数の相関が強くなってしまうという現象が起きます。このような相関のことを
疑似相関といい，この疑似相関の原因になる変数を**第 3 の変数**や**交絡要因**とい
います。

問 2.3

(1) コーヒー消費量と心筋梗塞の間に正の相関がみられました。実際，コーヒー消費量と心筋梗塞の間には因果関係があると思いますか？

(2) 実際に，コーヒー消費量と心筋梗塞の間に因果関係があるかどうかを検証したい場合，どのような方法が考えられるでしょうか？

2.1.11 母集団と標本抽出

　例えばある商品の知名度を調査したいとします。この場合，調査対象全体は日本人全体になります。この調査対象全体の集団のことを**母集団**と言います。日本人全員にこの商品を知っているかを調査すれば正確な知名度がわかります。しかしながら全員に聞くことは現実的ではありません。そこで何らかの方法で調査の対象となる人を選び出します。このように母集団から調査対象を選び出すことを**標本抽出 (サンプリング)** と言います。選び出された調査対象を**標本 (サンプル)** と言います。

　標本抽出の方法はいくつかあります。ここでは代表的な抽出方法として3つの方法を紹介します。

1. **無作為抽出**：母集団の中からランダムに標本を抽出することを無作為抽出と言います。

2. **層別抽出**：母集団をある属性 (例えば性別・年代・業種など) に分けて各グループからランダムに対象を選ぶ方法を層別抽出と言います。例えば「20歳未満の男性」，「20代・30代の男性」，「40代以上の男性」，「20歳未満の女性」，「20代・30代の女性」，「40代以上の女性」などのようにグループに分けて各グループからランダムに対象を選びます。このようにグループに分けることで属性の偏りを避けることができます。

3. **多段抽出**：まず母集団からいくつかのグループに分けます。次にグループをランダムに選びます。選んだグループからランダムに対象を選ぶことを多段抽出と言います。グループを選んでからさらに小グループに分けることもあります。例えばまず全国から都道府県 (1段目のグループ) をランダムに選び，その中から地域 (2段目のグループ) をランダムに選び，その地域からランダムに人を選ぶことが多段抽出となります。

　標本抽出は，母集団から調査対象を選び出し，選びだされた対象を調査します。一方で母集団全体を調査することもあります。このような調査を**全数調査**と言います。例えば日本に住んでいる人全員を対象に調査をする国勢調査は全数調査になります。

2.1.12　統計情報の正しい理解

(1) 代表値の特徴を正しく理解する

　2.1.3 で説明しましたが，「世帯別の貯蓄額」のデータでは，平均は一部のデータの影響から高めの数値が出てしまいます。このような平均の性質を知らずに，平均付近の貯蓄額の世帯が平均的な世帯であると考えてしまうと，このデータから何かを判断するときにその判断を見誤ってしまいます。この場合極端に大きな数字の影響を受けにくい中央値を合わせて見ておくと良いでしょう。

(2) 誇張表現に気をつける

　ヒストグラムや散布図は視覚的にデータを捉えることができますが，その目を欺くような表現がなされることがあります。そこでデータを視覚的に表したグラフを見る場合は誇張表現に気をつけなければなりません。誇張表現については 2.2.4 で詳しく説明します。

(3) 偶然の一致に気をつける

　データの 2 つの項目の間の関係を調べるには相関係数が有効であることを説明しました。相関係数の値が 1 に近いと正の相関関係が，−1 に近いと負の相関関係が見られると考えます。相関関係をもとに何かを判断する場合，相関係数の値だけを見て判断することは危険です。相関係数の値が 1 や −1 の値に近かった場合，なぜ正・負の相関関係が見られるのか，その理由を考えて見ることが大切になります。そうしなければならない理由の 1 つとして，たまたま偶然，相関係数の値が 1 や −1 の値に近くなることがあるからです。例えば 2000 年から 2009 年にかけてのメイン州における離婚率と全米の一人当たりのマーガリン使用量 (単位はポンド) を考えてみましょう。このデータは表 2.8 のようになります。この場合，離婚率とマーガリンの消費量の相関係数はおおよそ 0.992558 となります。相関係数が 1 に近く非常に強い相関が見ら

れますが，なぜマーガリンの消費量が上がると離婚率が上がるのか，因果関係があるとは考えられませんし，交絡要因も見えてきません。つまりたまたま相関係数が 1 に近づいたと考えるべきです。(タイラー・ヴィーゲンの HP `http://tylervigen.com/spurious-correlations`)

表 2.8　離婚率とマーガリンの消費量

	2000 年	2001 年	2002 年	2003 年	2004 年
離婚率	5	4.7	4.6	4.4	4.3
マーガリンの消費量	8.2	7	6.5	5.3	5.2
	2005 年	2006 年	2007 年	2008 年	2009 年
離婚率	4.1	4.2	4.2	4.2	4.1
マーガリンの消費量	4	4.6	4.5	4.2	3.7

(Tyler Vigen, spurious correlations をもとに作成)

2.2　データを説明する

2.2.1　データの表現

　ここではデータについて相手に説明するために必要な方法として，グラフによる可視化について説明します。グラフには様々な種類があり，それぞれに特徴があります。ここでは次の 5 種類のグラフを説明します:

(1) 折れ線グラフ: データの時間的な変化の推移をみるとき
(2) 棒グラフ: 項目ごとの量を比較するとき
(3) 円グラフ: データの中の各種の割合をみるとき
(4) 散布図: 2 種類のデータの関係をみるとき
(5) ヒートマップ: 色によって数値の高い低いを表現

(1) 折れ線グラフ

　データの変化の推移をわかりやすく表現したいときは**折れ線グラフ**がよく用いられます。折れ線グラフによって数年間や数か月，数日間といった時系列に沿っての値の変化を見ることができます。例えば，2017 年から 2019 年の間の Nintendo Switch と PlayStation 4 の世界での販売台数 (単位は万台)

は次のようになります。(https://www.sie.com/corporate/data.html,
https://www.nintendo.co.jp/ir/finance/hard_soft/number.html)

	2017 年	2018 年	2019 年
Nintendo Switch	1,505	1,695	2,103
PlayStation 4	1,900	1,780	1,360

　この表から折れ線グラフを作成すると図 2.9 になります。この図は横長に描
画しましたが，縦長に描画すると次の図 2.10 になります。この 2 つの図を見
比べてみてどのような印象を持つでしょうか？　同じ値から作成されたグラフ
ですが，縦長の方がグラフの傾きが急になり，成長率が強調されます。このよ
うに成長率を強調したい場合，横幅を狭めることである程度は資料作成者の意
図を見る側に伝えることが可能です。しかし極端な変化をつけることで見る側
が誤解するような調節は避けるべきです。また逆に折れ線グラフを見るとき
は，このように誇張されている可能性があることを頭に入れておかなくてはな
りません。

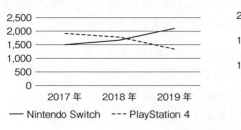

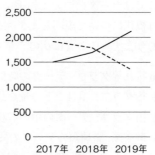

図 2.9　横長のグラフ　　　　　　図 2.10　縦長のグラフ
(Sony Interactive Entertainment のハードウェア全世界累計販売台数と
任天堂のゲーム専用機販売実績をもとに作成)

(2) 棒グラフ

　折れ線グラフは前と比べて上がっているか下がっているかを表現することに長けています。そのためデータの推移を時系列で表すときによく用いられます。一方で，ある時点でのデータを比較したいときや，累計の値を比較したい場合は棒グラフが用いられます。例えば任天堂が販売する次のゲーム専用機の累計販売台数を考えます: ファミリーコンピュータ (FC)，スーパーファミコン (SF)，ニンテンドウ 64(64)，ニンテンドーゲームキューブ (GQ)。

	FC	SF	64	GQ
世界累計販売台数 (単位:万台)	6,191	4,910	3,293	2,174

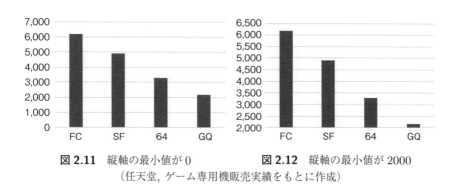

図 2.11 縦軸の最小値が 0 　　**図 2.12** 縦軸の最小値が 2000
（任天堂, ゲーム専用機販売実績をもとに作成）

　このデータの棒グラフは図 2.11 になります。縦棒グラフで注意して欲しいのが，縦軸を変更することで「差」を強調できてしまうところです。具体的には縦軸の最小値を切り上げて縦軸に表示する範囲を狭くすることで差を強調できます。実際に任天堂が販売する 4 つのゲーム専用機の累計販売台数を例に説明します。図 2.11 の縦軸の最小値は 0 で図 2.12 の縦軸の最小値は 2000 です。縦軸に表示する範囲は右と左で大きく異なります。グラフを比べると確かに右のグラフの方が左のグラフよりも差が大きいように見えます。このように縦棒グラフは簡単な操作でその見栄えを大きく変えることができてしまいます。使い方を間違えると読み手に誤解を与えてしまう恐れがあります。逆に縦棒グラフを読むときは縦軸の範囲に注意を払って読むことが求められます。

　数年間や数か月，数日間といった時系列に沿っての値の変化を見るには折れ

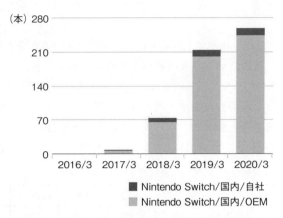

図 2.13　Nintendo Switch の国内タイトル数
（任天堂, ゲーム専用機販売実績, タイトル数推移より）

線グラフが便利だと説明しました。推移だけでなく, その内訳も同時に表現したいときは**積み上げ縦棒グラフ**がよく用いられます。例えば図 2.13 のグラフは Nintendo Switch の国内のタイトル数の推移と, タイトル数の中の任天堂自社のタイトルと, 国内 OEM のタイトルの内訳を同時に表しています。(ht tps://www.nintendo.co.jp/ir/finance/hard_soft/area.html) タイトル数など値が増加するが, その要因を判断したい場合このような積み上げ縦棒グラフが用いられます。

(3) 円グラフ

円グラフは, 各要素の割合が 100% のうちどの程度なのかを表します。製品やサービスの市場占有率 (シェア) を比較する際に円グラフはよく用いられます。例えばケータイ社会白書 2019 年版 (https://www.moba-ken.jp/whitepaper/wp19.html) においては「最もよく利用するスマホ・ケータイ (1 台目) のメーカー (単一回答)」の割合は円グラフを用いて表現されています (図 2.14)。

　シェアを表現するには円グラフだけでなく, 棒グラフを用いることもあります。例えばケータイ社会白書 2019 年版において「最もよく利用するスマホ・ケータイ (1 台目) の年次推移 (単一回答)」は棒グラフを用いて表現されています (図 2.15)。これは横棒全体が 100% になるように構成要素の長さを調節

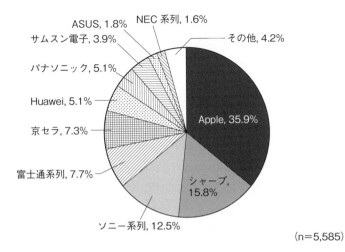

(n=5,585)

注1：スマホ・ケータイ所有者が回答。注2：11位以下のメーカーは「その他」に含む。
出所：2016年，2019年一般向けモバイル動向調査

図 2.14 最もよく利用するスマホ・ケータイ (1 台目) のメーカー

(モバイル社会研究所, ケータイ社会白書 2019 年版より改変)

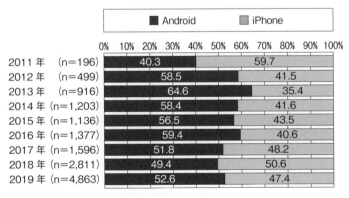

図 2.15 最もよく利用するスマホ・ケータイ (1 台目) の年次推移

(モバイル社会研究所, ケータイ社会白書 2019 年版より)

したものです。棒グラフでシェアを表現するメリットは，数年間や数か月，数
日間といった時系列に沿ってのシェアの変化を表現しやすいところが挙げられ
ます。もしこのシェアの変化を円グラフで表そうとすると，9 つの円を描くこ
とになり，推移の比較が困難になります。

(4) 散布図・回帰直線

　散布図は，データの 2 種類の項目の関係性を見せるための可視化の方法の一つでした。Excel やスプレッドシートなどの表計算ソフトを用いると簡単に作成することができます。実際の作成の仕方は 2.2.2 で説明しますが，ここでは主に**回帰直線**について説明します。例えば「ある年度のプロ野球球団に所属する選手の身長と体重」と「同じ年度のプロサッカーチームに所属する選手の身長と体重」の 2 つのグループを考えてみましょう。今回の場合，それぞれ 74 人と 27 人のグループになります。1 つの散布図上にこの 2 つのグループをプロットしてその傾向を比較します。今回の場合，2 つのグループが重なってしまいこのままでは上手く比較できません。こういう場合は，例えば回帰曲線と呼ばれる直線を描くと比較しやすくなります。回帰直線とは，散布図にプロットされているデータの傾向を示す直線のことです。Excel では「近似曲線」という名称で回帰直線が扱われ，スプレッドシートの場合は「トレンドライン」という名称で扱われます。それぞれ適切なチェック欄をクリックするだけで回帰直線を作成できます。その結果が図 2.16 となります。

　この回帰直線は次のように数式で表すことができます。

$$y = 1.335x - 157.25, \quad y = 0.7695x - 64.774$$

それぞれプロ野球選手のグループの回帰直線，プロサッカー選手のグループの回帰直線です。x の係数は直線の傾き具合を表します。それぞれ 1.335 と 0.7695 で，プロ野球選手のグループの方が，回帰直線の傾きが大きいと言えます。またこのように直線を式で表すメリットは，身長からおおよその体重を予測できる点があります。例えば，このプロサッカーチームに所属する選手で身長が 185cm の選手がいたとすると，$y = 0.7695x - 64.774$ の x に 185 を代入して y の値は

$$y = 0.7695 \times 185 - 64.774 = 77.5835$$

となり，その選手の体重は大体 77.6kg であると予測できます。このように回帰直線は既存のデータから何かを予想したいときによく用いられます。

　この 2 つのグループの散布図を眺めていると野球選手のグループの方が，サッカー選手のグループよりも点がばらついているように見えます。このばらつき具合は相関係数と関係があります。今回の場合，もとのデータから相関係数を計算すると，

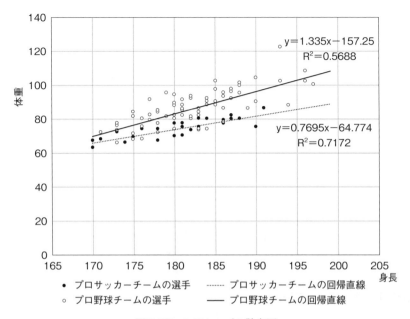

図 2.16 2 グループの散布図

(日本野球機構，阪神タイガース 2020 年度選手一覧と
J リーグ，クラブ・選手名鑑，ヴィッセル神戸をもとに作成)

- 「野球選手の身長と体重の相関係数」= 0.754
- 「サッカー選手の身長と体重の相関係数」= 0.847

となります。相関係数はサッカー選手の方が大きいですが，実際サッカー選手
のグループの方が直線関係が強いように見えます。

(5) ヒートマップ

データを表で表したとき，その大小によって色の強弱をつけたものを**ヒート
マップ**と呼びます。例えば `https://npb.jp/bis/teams/rst_t.html` にあ
る阪神タイガース 2020 年度選手一覧にあるデータから誕生月についての度数
分布表を考えると図 2.17 のようになります。濃淡で多さ・少なさを表現して
います。これによってどの月が多く，どの月が少ないのかが分かりやすくなり
ます。

誕生月	1 月	2 月	3 月	4 月	5 月	6 月
度数	4 人	2 人	4 人	8 人	8 人	6 人

誕生月	7 月	8 月	9 月	10 月	11 月	12 月
度数	6 人	4 人	5 人	4 人	9 人	5 人

図 2.17　誕生月についての度数分布表

2.2.2　データの図表表現

　これまでデータの表現に用いられるグラフをいくつか紹介しました。実際に
これらのグラフをどのように描画するのかを簡単に説明します。例えば Excel
を使えば簡単にデータの表からグラフを描画してくれます。まず，データの範
囲を指定して，Excel の画面上部にある「挿入」メニューから「グラフ」へ進
み描きたいグラフを選択することでグラフを描画することができます。

散布図・回帰直線の描画

　例えば散布図を描画したい場合，関係を調べたいデータの範囲を指定し，画
面上部のメニューバーから「挿入」＞「グラフ」と進み「散布図」を選択する
ことで描画できます。さらに回帰直線を追加したい場合は，描画された散布図
のどれか 1 つの点を選んで右クリックして，「近似曲線の追加」をクリックす
ることで回帰直線を追加することができます。

「回帰直線の数式」と「回帰直線の当てはまり具合」

　ここでさらに「近似曲線の書式設定」という欄が現れます。この欄から「グ
ラフに数式を表示する」をクリックしてオンにすると回帰直線の数式が表示さ
れます。この数式を用いることで，横軸の変数から縦軸の変数をある程度予測
することができます。実際に横軸の変数に数値を代入すると縦軸の変数の値が
出てきますが，この値は実際のデータの値と一致するとは限りません。「数式
から得られる数値」と「実際のデータの数値」がどれほど近いかを表す指標と
して**決定係数** (または R^2 値) と呼ばれるものがあります。これは実は相関係
数を 2 乗したものになります。決定係数は 0 以上 1 以下の値で，値が 1 に近
いほど「数式から得られる数値」と「実際のデータの数値」が近いと考えられ
ます。Excel ではこの決定係数も簡単に表示することができます。実際「近似
曲線の書式設定」という欄から「グラフに R‐2 乗値を表示する」をクリック

してオンにすると決定係数が表示されます。

2.2.3 データの比較

　Web 広告でよりクリックにつながるような広告文を作成することを考えたとします。Web 広告の成果 (つまりクリックの数) には，時期的な傾向や集客施策の状況など，様々な外的要因が関わってきます。例えばいくつかの期間を定め，その期間ごとに Web 広告を変更しその前後で成果を比較することで，Web 広告の成果を分析するとします。このような分析では，データごとの条件 (期間) が変わってしまいます。その変化は改善の影響なのか，それとも何かしらの外的要因の影響なのかわからず，正しい評価が非常に難しくなってしまいます。このように，比べることが妥当であるためには，比べたいこと以外 (Web 広告の例だと，広告文以外) の要因がみな同じようであるべきです。

A/B テスト

　条件をそろえて成果を比較したい場合，Web 広告の場合 **A/B テスト**と呼ばれる手法があります。A/B テストとは，Web 広告等で広告文を変えてランダムに広告を表示することで，よりクリックにつながるような広告文を検証する手法のことをいいます。A/B テストを行うメリットは，両パターンが同時並行で試せるので，データごとの条件はほぼ統一されることになります。これによって変更した要素の評価が正しく行えるようになります。ここで「ランダム」という言葉が出てきました。「ランダム」は条件をそろえた比較を行う上で非常に重要な考え方になります。

処理の前後での比較

　他の例を考えます。ある病気の患者に対してある薬を投与した際の影響を調べた試験を行うとします。この場合，薬が投与されたグループとプラセボ (有効成分を除いた薬状のもの) が投与されたグループに分けて，各グループで投与前と投与後のデータを比較して影響を調べます。ここで 2 つのグループに分けましたが，この 2 つのグループは条件が同じでなくてはなりません。例えば定期的に運動を行って健康に気を使っているような人たちが片方のグループに偏ってしまうと正しい評価が望めません。そこでランダムに分けるわけです。「ランダムに分ける」というのは「デタラメ」に分けるのではなく，1 つの集団

から (ほぼ) 均一な 2 つの集団を作成することを意味します。ランダムに分けることによって比較する 2 つのグループの条件をそろえることができ，正しい評価が行えるようになります。

2.2.4　不適切なグラフ表現

　例えば折れ線グラフは「縦長に描画することで直線の傾きを大きくできてしまう」と説明しました。また棒グラフでは，「縦軸を変更することで差を強調できてしまう」と説明しました。このように簡単な操作でグラフに視覚的な加工を行うことができますが，必要以上に視覚的な加工を行うことはデータを誤って読み取ってしまう原因になるので注意が必要です。

　よく知られている円グラフに対する視覚的な加工があるのでそれを紹介します。それは「円グラフを立体化する」というものです。例えば次の表は 5 つの会社によって独占されているとある製品の，各会社のシェアを表したものとします。

　この表から円グラフを作成すると図 2.18 となります。同じ表から今度は 3D 円グラフを作成してみると図 2.19 となります。2 つを

A 社	B 社	C 社	D 社	E 社
30%	27%	25%	13%	5%

見比べてください。3D 円グラフの方では B 社のシェアが大きいように見えてしまいます。実際に表を確認すると A 社のシェアの方が大きいので，これは誤解を招く表現だと言えます。

■A社 ■B社 ■C社 ■D社 ■E社

図 2.18　円グラフ

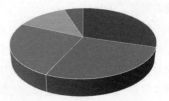

■A社 ■B社 ■C社 ■D社 ■E社

図 2.19　3D 円グラフ

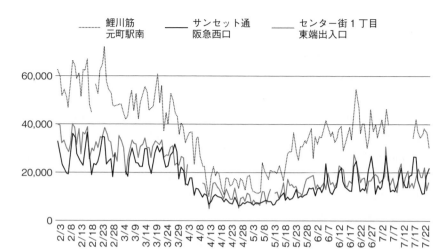

図2.20 三宮エリアの歩行者数 (日別の推移)

(神戸市「新型コロナ対策データ解析サイト」をもとに作成
データ提供：関西電力株式会社，株式会社オプテージ)

2.2.5 優れた可視化事例の紹介

2020年4月7日に新型コロナウイルス感染拡大を受けて，緊急事態宣言が
出されました。神戸市ではこれを受けて (例えば図2.20のように) 三宮エリア
の人の動きをいち早く可視化し，外出の8割抑制を目標に市民への外出自粛を
呼びかけました。このように可視化することで，外出自粛の現状を誰もが理解
しやすくなります。市民全体で目標とその現状を共有できるようになります。

2.3 データを扱う

この節ではデータの扱い方について説明します。データをソフトウェアを用
いて分析することになります。まずはデータ解析によく使われる4つのソフト
ウェアを簡単に紹介し，その後にデータの扱い方について説明します。ここで
はExcelを用いた扱い方のみを説明します。

2.3.1　データの解析ツール

Excel・スプレッドシート

　これらは表計算ソフトと呼ばれており，データに対する様々な操作を行うことができます。Excel は Microsoft 社の提供している有償の表計算ソフトであり，代表的な表計算ソフトとして広く用いられています。パソコン上にインストールして使用するソフトウェアです。一方で Google スプレッドシートは，Google 社が無償で提供している表計算ソフトです。ただし利用するには Google アカウントが必要です。スプレッドシートはインターネットを介して使用する Web アプリケーションであり，パソコン上にソフトをインストールする必要がありません。

R・Python

　R は無料でダウンロードできる統計解析用のソフトウェアです。最新の分析手法もパッケージをダウンロードすることにより簡単に利用できます。日本語で多くの解説書が出版されていますし，R について解説している Web サイトも多数あります。Python は無料でダウンロードできるプログラミング言語で，機械学習系のパッケージが充実しています。Python を扱うにはある程度プログラミングに慣れている必要があります。

問 2.4

(1) Excel とスプレッドシートの共通点，それぞれの強みを調べてみましょう。

(2) R のダウンロードの仕方を調べてみましょう。

(3) Python のダウンロードの仕方を調べてみましょう。

2.3.2　表形式のデータ

　データを扱うファイルの形式としては，CSV と呼ばれる形式のファイルが最もよく使われます。CSV というのは「Comma Separated Values」の頭文字からきています。日本語では「カンマ (,) で区切られた値」という意味で，実際 CSV ファイルはカンマ (,) で区切られただけのデータです。CSV ファイルが最もよく使われる理由は，互換性が高いところにあります。CSV ファイ

ルは Excel のみならずメモ帳などほとんどのソフトに取り込んで閲覧，編集す
ることが可能です。Excel ファイルにはそのような高い互換性がありません。

問 2.5

(1) e-Stat (`https://www.e-stat.go.jp`) にアクセスし，「統計データ
を探す/すべて/主要な統計から探す/国勢調査/時系列データ/CSV
形式による主要時系列データ」から「男女別人口–全国, 都道府県
(大正 9 年–平成 27 年)」の CSV 形式のファイルをダウンロード
し，Excel またはスプレッドシートでこのファイルを閲覧してくだ
さい。

(2) e-Stat にアクセスし，「統計データを探す/分野から探す/社会保
障・衛生」と進み，平成 24 年度の「国民健康・栄養調査」の「現在
喫煙者の割合」から 20 歳以上の男性の都道府県別の喫煙率のデー
タを取得してください。また「統計データを探す/分野から探す/
人口・世帯/生命表」と進み，平成 27 年度の「都道府県別生命表」
から男性の都道府県別の平均寿命のデータを取得してください。

(3) (2) で取得したデータをもとに，平成 27 年度の都道府県別の「喫
煙率」と「平均寿命」に関する散布図を作成してください。さらに
回帰直線の式と R^2 値を求めてください。

(4) (3) の回帰の式から喫煙率が 30% の場合の平均寿命の予測値を求
めてください。

2.3.3 データに対する操作

　CSV ファイルや Excel ファイルのデータを Excel で読み込むことで，表の
形のデータを扱うことができます。表になったデータから 2.2.1 で説明したよ
うなグラフを描画したり，平均，分散，相関係数といった値を計算してデータ
の特徴を捉えることができます。ここでは平均，分散，相関係数といった値を
Excel でどのように計算するかを説明します。

（1）　和・平均をとる

　データの数値の和を計算したい場合は，和をとる範囲を指定して sum 関数を用いることで計算できます。図 2.21 のように「=sum(データの範囲)」と打つとその範囲の合計が計算されます。また，データの数値の平均を計算したい場合は，平均をとる範囲を指定して average 関数を用いることで計算できます。「=average(データの範囲)」と打つとその範囲の平均が計算されます。

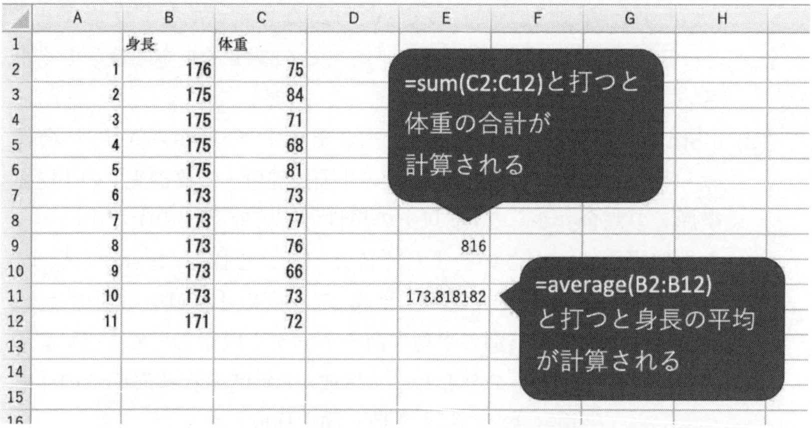

図 2.21　合計・平均の計算例

（2）　分散・標準偏差をとる

　データの数値の分散を計算したい場合は，分散をとる範囲を指定して var.p 関数を用いることで計算できます。分散は英語で variance なので var となります。var の後の p は population(母集団) からきています。図 2.22 のように「=var.p(データの範囲)」と打つとその範囲の分散が計算されます。データの数値の標準偏差を計算したい場合は，標準偏差をとる範囲を指定して stdev.p 関数を用いることで計算できます。stdev は standard deviation (標準偏差) からきています。「=stdev.p(データの範囲)」と打つとその範囲の標準偏差が計算されます。偏差値を計算したい場合は偏差値の定義式である

$$50 + 10 \times \frac{ある観測値 - 平均}{標準偏差}$$

を用いて計算します。

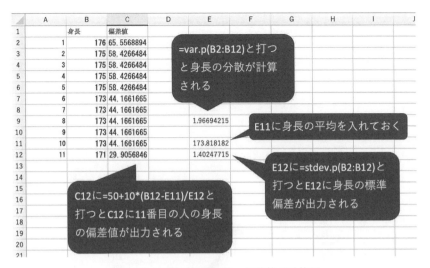

図 2.22 分散・標準偏差・偏差値の計算例

（3） 相関係数をとる

相関係数を計算するには correl 関数を用います。correl は correlation coefficient (相関係数) からきています。図 2.23 のように「=correl(データの範囲, データの範囲)」と打つと 1 つ目の項目と 2 つ目の項目の相関係数が計算されます。

	A	B	C	D	E	F	G	I
1		身長	体重					
2	1	176	75					
3	2	175	84		=correl(B2:B12,C2:C12)と			
4	3	175	71		打つと身長と体重の相関			
5	4	175	68		係数が計算される			
6	5	175	81					
7	6	173	73					
8	7	173	77					
9	8	173	76		0.27564167			
10	9	173	66					
11	10	173	73					
12	11	171	72					
13								

図 2.23 相関係数の計算例

（4）　データの並び替え，ランキング

　データ全体を選択し，図 2.24 のように上部タブの「データ」＞「範囲を並べ替え」を選択することでデータのある項目を基準に並べ替えることができます。また，並べ替え後のデータに対して番号を入力することでランキングを作成することもできます。

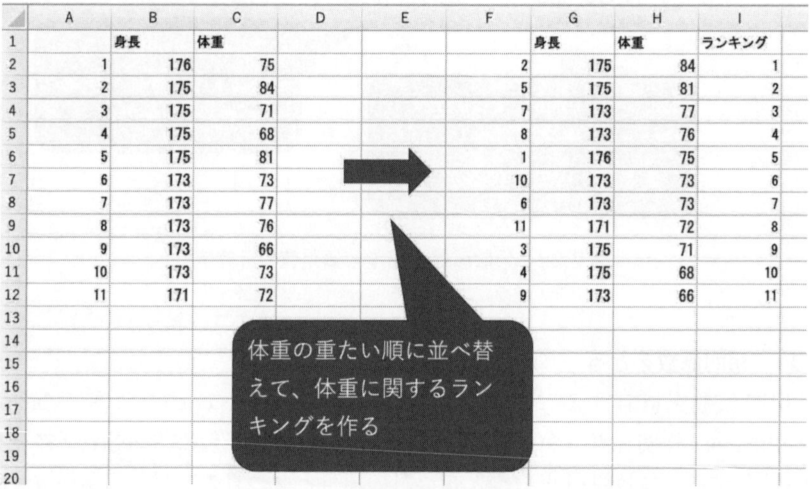

	A	B	C	D	E	F	G	H	I
1		身長	体重				身長	体重	ランキング
2	1	176	75			2	175	84	1
3	2	175	84			5	175	81	2
4	3	175	71			7	173	77	3
5	4	175	68			8	173	76	4
6	5	175	81			1	176	75	5
7	6	173	73			10	173	73	6
8	7	173	77			6	173	73	7
9	8	173	76			11	171	72	8
10	9	173	66			3	175	71	9
11	10	173	73			4	175	68	10
12	11	171	72			9	173	66	11
13									
14									
15									
16									
17									
18									
19									
20									

体重の重たい順に並べ替えて、体重に関するランキングを作る

図 2.24　体重に関するランキング

3

データ・AI を扱う上での留意事項

3.1 データ・AI を扱う上での留意事項

　データや AI を扱うとき，どのようなことに注意すればいいのでしょうか。データや AI を安全に有益に活用することがデータや AI を扱う目的であるならば，データや AI を扱う上で社会や組織，他者とのかかわりを忘れてはいけません。社会の秩序はなぜ保たれているのでしょうか。法や倫理，規範等を私たちが守ることで秩序が維持されていると考えるのが自然です。データや AI を扱う上で関連する国内の法令は，個人情報保護法，不正競争防止法，著作権法，不正アクセス禁止法等があります [55]。また海外の法令に目を向けると欧州の一般データ保護規則 (GDPR) に留意をする必要があります。個人の権利保護やデータや AI の持つ特性であるバイアス，AI サービスと私たちのかかわり等広義の倫理や規範にも留意する必要があるでしょう [59]。ここでは，これらデータや AI を扱う上での留意事項について整理して説明します。

3.1.1 ELSI

　組織内に ELSI を研究する部門を設立する動きが活発です。ELSI とは，倫理的・法的・社会的課題 (Ethical, Legal and Social Issues/Implications) の頭文字をとったものです。現代社会では，技術と社会のかかわり方について広く検討し，技術と社会の融和を進めるための課題を解決していくことが求められています。AI やデータサイエンスに限らず，高度に専門化され細分化が進んだ新たな学問領域が社会にもたらす正負の影響は絶大です。私たちは社会においてこれらの影響を享受したうえで，新しい技術とその技術がもたらす正負の影響と共生していく必要があるでしょう。

　技術の進歩に社会が追い付けないことが目立つようになってきています。技

術的に可能でも法的，倫理的に簡単に答えが出せない問題が増えてきているの
です。例えば，情報セキュリティの研究において，公表されていないセキュリ
ティ上の脆弱性を発見したとしましょう。公表されれば，対策が実施されるま
でそのセキュリティ上の脆弱性を悪用される可能性もありますが，公表しなけ
れば，脆弱性を発見した悪意を持った者がひそかに悪用する可能性があるの
です。

　研究においても，倫理的に判断がつきにくい研究対象が広がり，研究上の倫
理を議論する必要も生じています。このような社会における課題を考えていく
ために，技術だけでなく，法的な観点，倫理の観点からの複合的な考察が求め
られているのです。それにこたえるために，技術倫理協議会や，技術と社会の
かかわりや倫理を研究する研究会が様々な学協会に設けられ，活発な議論や提
言が行われ，社会に影響を与えています [57]。

　なぜ法が必要なのでしょうか。なぜ倫理が必要なのでしょうか。技術や知識
だけではよくないのでしょうか。大学で専門分野の科目だけでなく，専門科目
と直接の関係性がみえにくい教養科目を学ぶのはなぜでしょうか。答えは簡単
には出ませんが，避けて通れない課題なのです。

3.1.2　個人情報保護

　なぜ，データや AI を扱う上で法令について学ぶ必要があるのでしょうか。
私たちは何の目的でデータを収集し，分析するのでしょうか。

　多くの場合，得られた分析結果から何かしらの価値を生み出すためではない
でしょうか。無から有を生み出すことはできません。収集したデータ自身に
も，何かしらの価値が存在しているはずです。それは多くの場合，個人に関す
る情報なのではないでしょうか。個人に関する情報であるならば，個人の権
利，プライバシーは守られなければなりません。そのためにどのような法令が
あって，どのようなことが書かれているのか整理する必要があります。多様な
データの中でも，個人に関連する情報はマーケティングや行動分析等を行うた
めに需要が高く，またスマホの位置情報やネットでの買い物，公共交通機関の
乗車履歴，ポイントカード等の普及で，私たちに関連する情報は，私たちの日
常生活の様々な場面で収集されています。それでは，収集された情報はどのよ
うに取り扱われているのでしょうか。

　個人に関する情報は個人情報保護法 [42] で定義され，適切な利用が求められ

ています。個人情報保護法では，個人情報を次のように定義しています。

　生存する個人に関する情報であって，次の各号のいずれかに該当するものをいう。

　　一　当該情報に含まれる氏名，生年月日その他の記述等により特定の個人を識別することができるもの（他の情報と容易に照合することができ，それにより特定の個人を識別することができることとなるものを含む。）
　　二　個人識別符号が含まれるもの

　一方，行政機関や独立行政法人の場合は一号の括弧内が
「（他の情報と照合することができ，それにより特定の個人を識別することができることとなるものを含む。）」
となっており，より厳格となっています。
　個人情報の定義には注意しておくべきです。個人情報保護法の目的は，第一条で

- 「個人情報の適正かつ効果的な活用が新たな産業の創出並びに活力ある経済社会及び豊かな国民生活の実現に資するものであることその他の個人情報の有用性に配慮しつつ，個人の権利利益を保護すること」

と明記されています。個人情報のもつ有用性を認めつつ，個人の権利利益の保護を目的としているのです。収集にあたって，個人を特定することを意図していなくても，データによっては個人の特定が可能となることもありえます。プライバシーに関わるから扱ってはならないではなく，適切に取り扱うことが求められているのです。
　無記名のアンケートを記名式にすることでデータの保護を厳格にしたり，匿名加工情報とすることで利活用を促進したりすることもあります。分析に用いるデータが個人情報を含む場合，データの収集から保管，加工等，個人情報のライフサイクルにおいて，必要なデータの保護措置を講じなければなりません。また，所属組織の情報の格付けや取り扱いに関する規則を確認しておくべきです。

3.1.3　オプトアウト

　収集された個人情報の取り扱いについても個人情報保護法の改正でプライバシーの保護が強化されています。**オプトアウト**（opt-out）とは，研究社の『新英和辞典』では，「（活動，団体などから）身を引く，脱退する」と書かれています。**オプトイン**（opt-in）は「同意」と書かれています。情報システム関連でこの言葉が注目されるようになったのは，2008 年 12 月 1 日に施行された特定電子メールの送信の適正化等に関する法律で，これまでは，メールを受け取った側が受信を拒否する（オプトアウト）の通知を送信者に送る必要があり，送信側に主導権がありました。改正によって，受信側が事前に送信に対する同意を与えるようになり，受信側に主導権があるようになりました。インターネット上の様々なサービスで，本人が脱退の意思を示さない限りサービスの利用は継続される，という解釈でした。2017 年の改正前の個人情報保護法では，個人情報の第三者への提供は，その個人情報を持つ第三者が反対しない限り，同意したものとみなされていました。つまり，利用目的に第三者への提供を明示してあれば本人からの反対がない限り提供を認められていました。しかし，個人情報保護法の改正によって事前にオプトアウト手続きを行っていることを個人情報保護委員会に届け出なければならなくなりました。厳格な運用が求められるようになっていますが，利用目的を明示して同意を得て利用している場合は届け出の必要はありません。データ収集においても通常の手続きを得ていれば，個人情報保護委員会への届け出は必要ではありません。

3.1.4　データ倫理：データの捏造，改ざん，盗用，プライバシー問題

　データ分析の結果に対する信頼は，データと分析手法がわかれば，だれでも同じ結果を再現できるからといえます。あわせて，データが偽りのないものであることも信頼される理由の一つといえます。近年，研究データの改ざん行為が社会的な問題となっています。存在しないデータを作成したり，既存のデータの値を勝手に変更してしまうと，そのデータを用いた分析結果は分析手法がどんなに高尚なものであっても何の意味も持たなくなります。実在するデータで分析した結果であるから意味があるのです。同様に使用を許可されていないデータを勝手に使用してはいけません。データベースは著作権法 [43] 第 2 条第 1 項第 10 号の 3 に「論文，数値，図形その他の情報の集合物であって，それらの情報を電子計算機を用いて検索することができるように体系的に構成し

たものをいう」と定義されています。さらに,「データベースでその情報の選択または体系的な構成によって創造性を有するものは著作物として保護する」(著作権法第 12 条の 2) とあります [56]。また,不正競争防止法 [44] 第 2 条において,営業秘密として管理されているデータベースは,不正競争防止法上の保護が適用される可能性があるため注意が必要です。データベースの抽出や再利用を行う場合は,データベースの使用許諾条件を確認することが必要になります。アンケート調査は社会調査等で多用される回答者の意見を効率的に集める方法ですが,回答者が特定されるような調査方法や質問内容はプライバシー問題を引き起こしかねません。せっかくの機会だからと,多量の項目を質問してしまうと,回答者への負担も生じやすいこともあり,質問の分量と内容,回答者の負担のバランスに留意することが重要でしょう。

3.1.5 GDPR

これまでは,関連する国内の法令を整理してきましたが,データや AI を扱う上で海外の法令にも留意しなければなりません。欧州では歴史的にも個人の権利が尊重されていることからデータに関しても個人の権利を尊重する傾向が顕著です。個人情報保護に厳格な EU (European Union, 欧州連合) では,2018 年 5 月から一般データ保護規則 (General Data Protection Regulation, GDPR[45]) が施行されています。この規則では,個人データは「識別された,または識別されうる自然人に関するすべての情報」と定義されており,具体的には氏名,識別番号,住所,メールアドレス,オンライン識別子 (IP アドレスや Cookie),クレジットカード情報,パスポート情報,等が該当します。また,個人情報の取得にはユーザーの同意が必要となります。取得した個人データの処理と移転に関して規定されている点も特徴であり,罰則も厳しく,違反した場合は最大で企業の全年間売上高の 4 % 以下,もしくは 2000 万ユーロ以下のいずれか金額が大きいほうが課されることになっています。拠点が EU にあったり,商品やサービスを提供していたりするとこの規則の対象となり,制約を受けることになります。

3.1.6 忘れられる権利

欧州における注視すべきプライバシー保護の動きは,GDPR だけではありません。インターネット上の情報はいつまで存在し続けているのでしょうか。

削除されなければ，永久に残ってしまうことは容易に想像がつきます。「忘れられる権利」とは，検索エンジンや SNS 等から過去の検索履歴の削除を求めることができる権利といわれることもあります。2019 年 9 月 24 日の欧州司法裁判所の判決で，「忘れられる権利」について，EU 域外での適用は検索エンジンを提供する企業に対する義務ではないとの判決が出ています。2012 年に発表された EU 一般データ保護規則案の第 17 条に盛り込まれたことがきっかけで注目を集めるようになりました。日本ではプライバシー保護や名誉棄損の観点から処理されることもありますが，裁判所の判決に基づくため，時間がかかる点が課題としてあげられています。

　正確でない情報もインターネット上には存在します。精査する時間がなく公開してしまう情報もあります。自身が公開した情報でそのような誤りに気付いた時には，適宜更新していくことが重要です。

3.1.7　AI 社会原則

　2019 年 3 月に政府の総合イノベーション戦略推進会議において，人間の尊厳，多様性・包摂性，持続可能性の 3 つの価値を理念として尊重し，その実現を追求する社会を構築していくべき人間中心の AI 社会原則 [46] が決定されました。人間の尊厳が尊重される社会，多様な背景を持つ人々が幸せを追求できる社会，持続性ある社会，この 3 つの価値を理念として尊重し，その実現を追求する社会を構築していく次の 6 つの原則を掲げています。

- **教育・リテラシーの原則**
  AI の複雑性や意図的な悪用もあり得ることを勘案した AI の正確な理解と，社会的に正しい利用ができる知識と倫理を持つために幅広いリテラシーの教育機会の提供や，学び直しの機会が求められています。
- **プライバシー確保の原則**
  個人の行動などに関するデータから個人のパーソナルデータが本人の望まない形で流通したり利用されたりする可能性がある社会であることに注意を払う必要があります。
- **セキュリティ確保の原則**
  AI が社会基盤となるほど，セキュリティリスクが高まります。常に AI の利活用が社会にもたらすベネフィットとリスクのバランスに留意して社会の安全性と持続可能性の向上に努めなければなりません。

- **公正競争確保の原則**

  イノベーションを起こすには情報の集積が欠かせないが，公正な競争環境が維持されなければなりません。AIやビッグデータが集中する国家や企業がその支配的な地位を利用した不正なデータの収集や競争を行ってはなりません。

- **公平性，説明責任及び透明性の原則**

  AIの利用によって，人々が様々なバックグラウンドを理由に不当な差別をされることがないように公平性及び透明性のある意思決定とその結果に対する説明責任が適切に確保されるとともに，技術に対する信頼性が担保される必要があります。

- **イノベーションの原則**

  継続的なイノベーションを目指すため，様々な組織，人材，研究分野の連携を行って社会課題の解決に資すること。

3.1.8 データバイアス

　データやAIを扱う上で法令や規範，倫理について解説してきました。ここでは，データやAIを扱う上でデータやAIの特性に起因する留意事項について解説します。何かしらの意思決定を行うためにデータを収集して分析するのですが，まったくの白紙の状態でデータを収集しているわけではないのです。何かしらの考え，方向性を持ったうえで，漠然としていても仮説を立ててその仮説が正しいことを示すためのデータを中心に集めて反対のためのデータはあまり集めないこと（情報バイアス）や，無作為抽出が無作為になっていない（選択バイアス），ということが起こりえます。無意識のうちにバイアスが生じてしまいがちです。バイアスが生じないようにすることは不可能ではないですが，容易ではありません。注意していても陥りがちですが，データを収集するときに，私たちは無意識のうちにバイアスを持ってしまう可能性があるということを認識しているかどうかだけでも，ずいぶんと変わってきます。

3.1.9 アルゴリズムバイアス

　機械学習が進歩し，宅配サービスの荷物再配達の受付等，これまで人間が行っていた作業をAIが担うようになってきました。しかしAIは機械学習のときに学んだ情報をもとに判断をしています。学習に使う情報や，学習のアル

ゴリズムにバイアスがあれば，それをもとに学習した AI にもバイアスが生じ
てしまいます。アルゴリズムバイアスを防ぐことは容易ではないことに注意し
ましょう。しかし，様々な段階でバイアスが生じやすいことを認識しておくこ
とが，バイアスへの対策の第一歩です。

3.1.10　AI サービスの責任論

　私たちは AI を活用したサービスを受けています。例えば，掃除ロボットに
よる掃除，話しかけるだけで調理してくれるオーブンレンジ，話しかけるだけ
で音楽を流したり天気予報を教えてくれたりするスピーカー，店頭での接客を
するロボット，エアコンの風量や風向の調整，自動車の自動追従運転機能や，
AI が判断する投資，クレジットカードの不正使用の検知，検索エンジン，カ
メラの顔認証等，たくさんありますが，便利さや効率的に情報を処理するため
になくてはならないものとなりつつあります。しかし，その便利さの反面，重
要な問題が生じています。
　もしも，自動追従運転機能を利用中に事故に遭遇してしまったら，その責任
はだれに帰するのでしょうか？　あってはならないことですが，絶対に起きな
いということはありません。人間は完全ではありませんが，AI も完全ではな
いのです。現在，責任の所在についての議論が進められていますが，責任の所
在が明確になる日も遠くないでしょう。

3.1.11　演習課題

　データや AI 活用における負の事例を，調べてまとめてみよう。

問 3.1

次の用語をキーワードにして，データや AI 活用における負の事例を検索
してまとめてみよう。

1. 統計的差別
2. ソフトウェア，誤検知
3. 自動運転システム，脆弱性
4. 成績アルゴリズム，誤判断
5. 顔認証技術，誤判断

3.2 データを守る上での留意事項

データは価値を生み出す原資ですから，データを狙おうとする者から守らなければなりません。データを扱う上で，データにアクセスできる者が適切に制限されていること，データが正確であること，データに必要な時にアクセスできること，これらがデータを守る上では必要となります。データも情報システムで扱う情報ですから，情報システムが正常に機能しつづけるための情報セキュリティの概念を理解しておくことは大変重要です。ここでは，データを守る上での留意事項として，情報セキュリティ，特に情報の格付けと取り扱い，情報を守る技術である匿名化や暗号化などについて解説します [58]。

3.2.1 情報セキュリティ

（1） セキュリティポリシー

多くの組織で，情報システムは業務を行う上で必要不可欠なインフラとなっています。機器を接続，設定すれば利用可能となり，業務を効率的に行うことが可能となります。一方で，利用方法を誤ると，利用している個人ではなく組織全体のシステムに影響を与えることもあり，組織の中での適切な運用管理が求められます。そこで，運用管理を行うための規則体系を定め，定めた規則体系に則った運用を行うことで，適切な情報システムの運用を行うのです。ここでは，国立情報学研究所の情報セキュリティポリシー推進部会 [48] が作成している「高等教育機関の情報セキュリティ対策のためのサンプル規程集」を参考に規則体系について整理します。サンプル規程集は政府機関統一基準をベースに，高等教育機関の実情を考慮した規程集となっていますが，高等教育機関がセキュリティ規則体系を整備する際に参考にされています。多くの組織ではそれぞれセキュリティポリシーを定め情報システムの適切な運用及び管理を行っています。政府機関統一基準 [47] との親和性の高い規則や，組織の実情による独自の規則などいろいろな考え方があります。規則の公開の範囲は様々ですが，可能であれば所属する組織の規則を確認しておくことは重要です。

セキュリティ規則の体系には，組織としてセキュリティ対策を行う基本方針があり，セキュリティ対策をどのような方針で行っていくかが明記されています。その基本方針を受けて，セキュリティ対策を行う事項を明記したものを基本規程とよび，基本方針と基本規程をあわせてポリシーとよんでいます。より具体的なセキュリティ対策について明記したものが実施規程であり，さらに実

施規程に基づいた具体的な手順・ガイドライン等を定めています。規則には，利用に際しての注意事項や禁止事項等，情報システムの利用に関する事項を定めた利用規程や，情報システムの運用の継続に影響がある場合の対応を定めた非常時行動計画等があります。AI やデータを情報システムで扱う場合には必要に応じて規則体系を確認することが必要です。

　大学生が所属大学のセキュリティポリシーに触れる機会としては，大学の情報システムの利用規程，利用規程に基づくガイドラインが一般的です。サンプル規程集では，学生は利用規程と利用規程に基づくガイドラインを遵守すればよいように規則が体系化されています。利用規程には，セキュリティポリシーに違反した場合に処罰を受ける可能性があること，アカウントの利用に関する事項（禁止事項が多い）や，メールの添付の容量についての（注意事項が多い），セキュリティインシデントと思われる事案を発見した場合の連絡方法等が記載されています。ガイドラインは利用規程に基づいて作成されるマニュアルで，メールの利用や私物機器の学内接続，SNS 等での情報発信等についての留意事項等が記載されています。

　格付けに関する規定は，教員や職員を対象とすることが多く，学生が取扱制限のある情報を業務で扱うことはまれであることから，大学の情報の格付けに関する規定で学生を対象とする規定はほとんど見かけません。

　講義で扱う情報に取扱制限が設けられている場合は担当教員から取り扱いについて説明があるはずです。研究で扱う情報の取扱制限に関しては，研究室の教員に確認するとよいでしょう。

（2）　情報の格付け

　情報システムに格納されている情報，新たに入手した情報を組織の中でどのように取り扱うかを組織の中で定めておく必要があります。入手・作成したデータなどの情報を**格付け**し，格付けに応じた取り扱いを規則で定めることで，組織の中で格付けに応じた統一的な取り扱いが可能になります。格付けは，**機密性，完全性，可用性** の観点からそれぞれ格付けを行います。**機密性**とは，情報に関して，アクセスを認められた者だけがこれにアクセスできる特性をいい，その情報が漏洩した場合の影響の度合いをもとに機密性の格付けは行われます。多くの場合，アクセスできる人物の範囲に応じて次のような 3 段階の格付けがなされます。

- 組織内の特定の者だけがアクセスできる状態を確保されるべき情報（機密性 3 情報）
- 組織内で特定の者に限定する必要がない情報（機密性 2 情報）
- 機密性 3 情報，機密性 2 情報以外の情報（機密性 1 情報）

完全性とは，情報が破壊，改ざん又は消去されていない特性をいい，多くの場合次のような定義で 2 段階の格付けがなされます。

- 情報が破壊，改ざん又は消去されていない状態を確保されるべき情報（完全性 2 情報）
- 完全性 2 情報以外の情報（完全性 1 情報）

可用性とは，情報へのアクセスを認められた者が，必要時に中断することなく，情報にアクセスできる特性をいいます。多くの場合次のような定義で 2 段階の格付けがなされます。

- 情報へのアクセスを許可された者が，必要時に中断することなくアクセスすることができる情報（可用性 2 情報）
- 可用性 2 情報以外の情報（可用性 1 情報）

これらの観点からの格付けを行うことで，情報をどのように取り扱うべきかを明確にし，情報を適切に取り扱うことが可能になります。情報の取り扱いは次のような格付けに応じた取扱制限を定め，扱うことで情報の適切な扱いが可能となります。機密性については，複製や配付，暗号化，印刷，転送，送信等の観点からの取扱制限を定めます。完全性については，保存期間や場所，書き換え，削除等の観点からの取扱制限を定めます。可用性については復旧までの期間，保存場所の観点からの取扱制限を定めます。格付け及び取扱制限を行う場合は，組織におけるこれまでに行われてきた情報の格付けや取扱制限との整合性を保ちつつ，情報の適切な利用が行われるように定めることが重要です。情報を適切に扱えるようにするための規則であって，情報を囲って封印するための規則ではないことは言うまでもありません。

3.2.2 データを守る技術

収集した情報には個人データを含む場合が多く，そのままでは個人を特定できてしまう可能性がありプライバシーの問題が生じてしまいます。個人を特定

できないように属性を削除すると分析に活用できないデータとなってしまう可
能性もあります。データに含まれるプライバシーと属性の数のバランスをどの
ようにしてとるか，容易ではありません。そのため収集した個人を特定できる
属性を含む情報を，個人の特定が容易ではない情報に加工し，利活用可能な情
報にする方法として**匿名化**が注目を集めています。氏名やマイナンバー等のよ
うに個人が特定される情報を**識別子**，住所や生年月日等のようにそれ以外が集
まることで個人の特定につながる可能性のある情報を**準識別子**といいます。

（1）匿名加工情報

　個人情報保護法第 5 条第 9 号では**匿名加工情報** [49] とは，

> 「特定の個人を識別することができないように個人情報を加工して得ら
> れる個人に関する情報であって，当該個人情報を復元することができな
> いようにしたもの」

と定義されています。また，36 条では

> 「特定の個人を識別すること及びその作成に用いる個人情報を復元する
> ことができないようにするために必要なものとして個人情報保護委員会
> 規則で定める基準に従い，当該個人情報を加工しなければならない。」

と書かれており，特定の個人を識別できないように加工すること，匿名加工情
報から個人情報を復元できないように加工することが求められています。**匿名
化**とは個人を特定される可能性がある情報を含まない情報に加工すること，と
いえます。また，技術的に復元は不可能ではないが，38 条で本人の識別を禁
止されています。匿名化された情報の安全性を評価する指標としては k-**匿名
性**があげられます。

- k-**匿名性**
  データ内に項目の組み合わせで**個人を識別できるデータ項目を持つデー
  タ**が k 個以上存在するように**データを変換する**ことで個人が特定される
  確率を $1/k$ にするものです。

　加工するアルゴリズムも多数提案されています。k-匿名性の他には，同一の
準識別子に対して，機密属性の値が何種類あるかを表す l-**多様性**，データ全体
の偏りを t 以下にする指標である t-**近接性**などがあります。**どのように加工す**

れば**匿名加工情報**といえるのでしょうか。国立情報学研究所の検討チームが作成した,「匿名加工情報の適正な加工の方法に関する報告書」[50] が参考になります。

(2) 仮名加工情報

個人情報保護法の 2017 年改正で匿名加工情報が導入されましたが,2020 年の改正で仮名加工情報が導入されました [75]。第 2 条第 9 項で仮名加工情報とは,次のように定義されています。

次の各号に掲げる個人情報の区分に応じて当該各号に定める措置を講じて他の情報と照合しない限り特定の個人を識別することができないように個人情報を加工して得られる個人に関する情報をいう。

一 個人情報に含まれる記述等の一部を削除するか,復元することのできる規則性を有しない方法によって置き換えること

二 個人識別符号の全部を削除するか,復元することのできる規則性を有しない方法によって置き換えること

仮名加工情報が導入された背景として,事業者による,組織内部でデータ内の特定の個人を直接識別できる記述を他の記述に置き換えたり削除したりすることで,加工後のデータ単体からは特定の個人を識別できないようにするいわゆる「仮名化」と呼ばれる加工を施した上での利活用が行われるようになってきました。仮名化はデータとしての有用性を加工前の個人情報と同等程度に保つことで匿名加工情報よりも詳細な分析を行うことができると考えられています。また,EU においても GDPR で仮名化が規定されその活用が進みつつあることから,個人情報と匿名加工情報の中間的規律として仮名加工情報が導入されました [76]。

仮名加工情報は個人情報ですが他の情報と照合しなければ特定の個人を識別できないように加工された情報です。そのため匿名加工情報よりも取り扱いについては厳格で,匿名加工情報は第三者への提供が可能ですが,仮名加工情報は第三者への提供はできません。

(3) 暗号化

情報をそのまま保存したり,送信すると,保存した情報機器が盗難にあってしまったり,情報搾取の被害にあってしまうと,第三者が情報の内容を見るこ

とが可能になります。メールの添付で送信する場合でも，送信先を間違えてしまうこともあります。このようなトラブルを回避するためにも，情報を誰もが何の苦労もなくアクセスできるそのままの状態ではない状態に変換することで，情報を保護します。その方法を**暗号化**と呼んでいます。元の状態に戻すことを復号化とよびます。Wi-Fi通信もルータとパソコンやタブレット，スマホ等の情報機器とのデータの送受信はデータを暗号化して行われていますが，暗号化のための鍵がわからない外部からはアクセスできないようになっています。暗号化においては，暗号化や復号化を行うための設定用パラメーターが必要になり，これは鍵とよばれ，この鍵を知られてしまうと，復号化を行うことができてしまうため，鍵の管理は非常に重要です。この鍵の管理は，暗号化と復号化で同じ鍵を使う**共通鍵方式**と，暗号化と復号化で異なる鍵を使う**公開鍵方式**が有名です。Wi-Fiのルータの設定用パスワードは共通鍵方式です。パソコン内のデータを暗号化する方法としては，Windows OSに搭載されている「BitLocker」という暗号化機能 [51] や，暗号化ソフトを用いることで，デバイスを暗号化することができます。総務省では，Wi-Fiのセキュリティに関するガイドライン [53] を公開しています。

（4）　パスワード

　自分が自分であることはどのようにして示せば，相手は納得するでしょうか。実社会であれば，本人確認として，**運転免許証，パスポート，マイナンバーカード**は公的機関が本人であることを証明しています。学生証や社員証はそれぞれ教育機関，企業が本人であることを証明しています。インターネット上ではどうでしょうか。金融機関に預けたお金を引き出すとき，キャッシュカードをATMに挿入して暗証番号を入力してお金を引き出します。スマホの画面ロックを解除するために数字を入力したり，パターンを入力したり，指紋センサーに登録した指紋の指でタッチしてロックを解除します。ネット上の様々なサービスを利用するために，ログインするときに，IDとパスワードを入力します。いずれも，正しい所有者，利用者であることの確認で，本人しか知りえない設定した文字列を入力できる＝本人である，の確認を行っています。この本人しか知りえない設定した文字列を**パスワード**と呼びます。暗号化もパスワードも，絶対に解読不可能というものではありません。文字列の組み合わせを総当たりで調べていけばいつかは解読できてしまいます。解読のためにどのくらいの時間と費用がかかるかが，暗号化やパスワードの強さといわれたこと

もありましたが，技術の進歩でこれまでなら長時間要していた処理が一瞬でできるようになり，以前よりも解読されやすくなっています。

　例えば，多くの金融機関の暗証番号は 4 桁ですから，理論上 0000 から 9999 までの 1 万通りのいずれかになります（設定できない文字列を設けている金融機関もあります）。試し続ければ，1 万回の試行の中でいつかは暗証番号がわかってしまいます。そのため，連続して間違える回数が一定回数以上の場合にはロックがかかるようなシステム設計になっています。

　パスワードの定期的な変更を求めるサービスもありますが，推測しやすかったり，何かしらで目にしたことがある文字列に変更することで，パスワードが脆弱になってしまうという意見もあり，パスワードの定期的な見直しを求めていないサービスもあります。

　ほかにもログイン後に別の文字列や暗号表の中の指定された文字や数字，スマホ端末の SMS に送られた確認コードを入力することで本人確認を行う 2 段階認証を採用しているサービスや，SNS やウェブサービスの ID による認証を利用するサービスもあります。このように複数の認証方式を組み合わせることで，より強固になります。文字列の組み合わせも数字のみ，数字と小文字，大文字，記号と種類が増えるほど組み合わせの数が増えるため，パスワードとして強固になっていきますが，一方で覚えられないパスワードでは意味がありません。ブラウザによっては，自動でパスワードを生成し，管理する機能を搭載しています。静脈や指紋，音声，虹彩等本人に固有の生体情報を用いることで，本人確認を行っているものもあります。

（5）　悪意のある情報搾取

　一見すると発信元も正しいが，違和感が残るメールを受信したことはないでしょうか。フィッシング詐欺と呼ばれるメールが大量に送られています。総務省の調査によると 2020 年 3 月時点の調査で一日に国内電気通信事業者 10 社の全受信メール総数約 18 億通のうち，約 50 ％にあたる約 9 億通が迷惑メールという調査結果があります [37]。

　一見すると正規のカード会社，情報サービス会社のホームページによく似た画面にリンクされ，サービスを利用するための ID とパスワード，クレジットカードの情報や住所や氏名等の個人情報を入力させ，その情報を搾取するためのメールが後をたちません。実際のリンク先は全くの別サイトであっても表示が正規のサイトへのリンクの文字列を表示させることが可能であることから，

以前のセキュリティ対策においては html 形式のメールの利用を禁止していた組織もあります。あるいは SNS で，乗っ取ったアカウントからその友人に動画を送り更なるアカウントの乗っ取りを画策するマルウェアもあったり，スマホのアプリにスマホ端末内の情報をどこかに送るマルウェアが仕込まれていたりと，私たちの情報機器を使う様々な場面に悪意を持って情報を搾取しようとする罠が潜んでいます。

　現在の技術ではメールの差出人情報は簡単に詐称できるため，メールアドレスだけでは，そのメールが正しい発信元かそうでないかの判断はつきません。たどたどしかった文章も普通になり，文面からでは容易に判断がつきにくくなっています。ほかの情報，例えば，受信者の名前のないメールであるとか，検索サイトでメール本文を検索してみて，同様のフィッシング詐欺メールが送られているなどの情報がないか，複数の視点から注意を払うことが対策として重要なことです。

3.2.3　演習課題

情報漏洩によるセキュリティ事故の事例を，調べてまとめてみよう。

問 3.2

次の用語をキーワードにして情報漏洩の事例を検索して，発覚したきっかけ，情報漏洩の影響，漏洩した情報の価値，発覚後の組織の対応についてまとめてみよう。

1. 企業，外部からの攻撃，情報漏洩
2. 企業，内部犯行，情報漏洩
3. 教育機関，外部からの攻撃，情報漏洩
4. 使用済み情報機器，情報漏洩

4

確率と統計

4.1 概　　説

（1）目　標

次の 2 つの問題を考えてみましょう。

- サイコロを 250 回振ったところ，1 の目が 55 回出た。このサイコロは 1 の目が出やすいと判断してよいか?
- あるテレビ番組の視聴率は 20% であるという。これを確かめるために，5000 人にアンケート調査を行ったところ，950 人が視聴していた。これは，実際の視聴率は 20% より小さいということを示唆する結果であろうか?

　これらの問題はサイコロと視聴率で全く異なる問題のように見えますが，実は同じ方法を用いてこれらの問題に「答え」を与えることができます。**この節の目標はこの方法を学び，実際にこれらの問いに答えを与えることです。**

（2）　ベルヌーイ試行

　「一見異なる問いでも同じ方法によって答えを出すことができる」と説明しました。そのポイントとなるのが，結果がそれぞれ

- 「1 の目が出たか」「1 の目が出なかったか」という 2 通り
- 「テレビ番組を見たか」「テレビ番組を見なかったか」という 2 通り

という共通点です。これらのように，結果が 2 通りにしかならない確率実験の

ことを**ベルヌーイ試行**と言います。つまり上のサイコロの問題と視聴率の問題
はどちらもベルヌーイ試行に関する問題です。今回はベルヌーイ試行について
検証するための方法を紹介します。

（3）　仮説検定とは

　問題の中に「サイコロを 250 回振ったところ，1 の目が 55 回出た」とあり
ます。全 250 回のうち，1 の目が出た 55 回の占める割合は 11/50 です。歪み
のないサイコロだと 1/6 の確率で 1 の目が出ると考えられるので，55 回とい
う結果は，予想以上に 1 の目が多く出たといえます。この結果から「1 の目が
出やすい」と結論づけてしまう人もいるかもしれません。ですが今回は，さら
に踏み込んで，**「本当は 1/6 の確率で 1 の目が出るのに，たまたま偶然，1 の
目が多く出てしまったのではないか？」**という問いを検証します。確かに偶然
そのようなことが起こってしまうことも考えられます。検証方法は**「1 の目が
出る確率が 1/6 であるとすると，この偶然が現れる確率はどの程度か？」**とい
う問いを考え，その確率が十分に小さいかどうかを考えます。その偶然が起こ
る確率が十分小さいのであれば，「偶然でなく元々 1 の目が出やすいサイコロ
だった」と判断します。この議論ではまず「1 の目が出る確率が 1/6 である」
という仮説を置くわけですが，この仮説は**帰無仮説**と呼ばれます。

（4）　近似を用いる

　「サイコロを 250 回振ったところ，1 の目が 55 回出た。このサイコロは 1 の
目が出やすいと判断してよいか？」という問題の場合を考えます。「1 の目が出
る確率が 1/6 である」と仮説を置くわけですが，このとき全 250 回のうちで
1 の目が 55 回出る確率は次のように計算できます：

$$_{250}\mathrm{C}_{55} \times \left(\frac{1}{6}\right)^{55} \times \left(\frac{5}{6}\right)^{195}$$

この式の意味は割愛しますが，言いたいことは今回「1 の目が出る確率を 1/6
としたとき，この偶然が現れる確率」は式で書けてしまうということです。こ
の値がどれぐらい小さいかが分かれば偶然が起こる確率がわかり，検証ができ
ます。しかし，実際にこの計算を行ってみるとすぐに手で行うことは不可能だ
と気がつきます。式自体は単純ですが扱う数値が大きすぎます。そこで今回
は，この式を直接計算するのではなく**「近似」**というアプローチを用いておお

よその値を求める方法を説明していきます。

4.2 確率変数と確率分布

　冒頭のサイコロについての問題・視聴率についての問題を**確率の考え方**を用いて解きます。それができるようになるために，まず「確率変数・確率分布」という用語を解説します。

4.2.1 確率変数とは

（1）例 (サイコロの目)

　(歪みのない) サイコロが 1 つあったとします。このサイコロを投げ，出た目を観察します。出る目は決まった値が出るわけではありません。1, 2, 3, 4, 5, 6 のうちのどれかが起こります。何回かサイコロを投げると出る目は確率的に変動します。今回，それぞれの値が起こる確率は 1/6 となります。つまり「サイコロを投げたときの出た目の値」は

- どの値が出るかはわからない
- 実際に起こる値それぞれについて，それが起こる確率が分かっている

という性質を持ちます。このような性質をもつ値を**確率変数**と言います。「サイコロを投げたときの出た目の値」という確率変数は，実際には 1, 2, 3, 4, 5, 6 のどれかをとります。これらのように実際に起こる値のことを確率変数の**実現値**と言います。

（2）例 (視聴率)

　視聴率を統計的に扱う場合，確率変数の考え方を用いて考えます。日本に住む人からランダムに 1 人選んで，その人にあるテレビ番組を「見たか，見ていないか」を尋ねることにします。「見た・見ていない」という回答は質的変数です。そこでダミー変数を用いて数値化します。つまり「見た場合は数字の 1」，「見ていない場合は数字の 0」として 1 か 0 かで回答してもらうことにします。1 と答えるか 0 と答えるか，それは実際に聞いてみるまでわかりません。ランダムに選ぶ人を変えると回答は確率的に変動すると考えられます。今回「1」と答える確率，「0」と答える確率は，それぞれ

$$\frac{\text{そのテレビ番組を見た人数}}{\text{日本の総人口}}, \quad \frac{\text{そのテレビ番組を見なかった人数}}{\text{日本の総人口}}$$

と考えることができます。つまり視聴調査の回答は確率変数と考えることができます。この確率変数の実現値は 1 と 0 です。

問 4.1

20 本のくじからなるくじ引きで，当たりくじは 4 本入っていたとします。まず A さんがくじを 1 本引き，そのくじを戻さず次に B さんが残りの 19 本から 1 本引くとします。

(1) A さんと B さんの両方が当たりくじを引く確率を求めなさい。

(2) A さんがハズレを引き，B さんが当たりくじを引く確率を求めなさい。

(3) B さんが当たりくじを引く確率を求めなさい。

（3）記　号

　世の中には確率変数と考えることができるものがいろいろあります。例えば「宝くじの獲得賞金」は確率変数ですし，「株価」も確率変数と考えることがあります。これからこれらの個別の問題を考えるのではなく，抽象化して物事を考えます。つまり**文字**と**数式**を使って議論を展開していきます。

　まず確率変数を X とします。個別の問題を考える場合は，この X を「サイコロの目」，「視聴調査の回答」，「宝くじの獲得賞金」，または「株価」などに置き換えてください。確率変数の実現値を x と表します。例えば X が「サイコロの目」の場合は x は 1, 2, 3, 4, 5, 6 のどれかになります。抽象的な議論がしたいので，今は x の値を具体的に定めることはしません。具体的な問題を考えるときは，x に状況に応じた値をあてはめます。$P(X = x)$ と書けば，実現値 x が起こる確率を表すことにします。またある値 x 以上の値が起こる確率，ある値 x 以下の値が起こる確率をそれぞれ $P(X \geqq x)$, $P(X \leqq x)$ と書くことにします。例えば X が「サイコロの目」の場合を考えます。「サイコロを投げたとき 1 が出る確率は 1/6」ですが，これを式で表現すると

$$P(X = 1) = \frac{1}{6}$$

となります。また「サイコロの目が 2 以上である確率は 5/6」ですが，これを式で表現すると

$$P(X \geqq 2) = \frac{5}{6}$$

となります。言葉で表現するよりも数式を使って表現した方がスッキリとします。

4.2.2 確率分布とは

確率変数 X の**確率分布**とは，「確率変数 X の実現値」と「それぞれの値が起こる確率」をまとめた表のことを言います。

（1） 例 (サイコロの目)

(歪みのない) サイコロを 1 つ投げるとします。確率変数 X を出た目とします。このときの実現値は 1, 2, 3, 4, 5, 6 の 6 通りです。それぞれの実現値が起こる確率はすべて 1/6 となります。これを表にまとめると表 4.1 となります。この確率変数 X の確率分布はこの表になります。

表 4.1 サイコロの目の確率分布

実現値	1	2	3	4	5	6
確率	1/6	1/6	1/6	1/6	1/6	1/6

4.2.3 二項分布

結果が「成功するか」「失敗するか」という 2 通りにしかならない確率実験のことを**ベルヌーイ試行**と言います。ダミー変数を用いて，成功の場合を 1，失敗の場合を 0 で表すことにします。1 が出る確率，0 が出る確率をそれぞれ $p, 1-p$ とします。ここで失敗の確率を $1-p$ としたのは，「成功の確率と失敗の確率を足すと 1 になる」からです。このベルヌーイ試行を n 回行うとします。このとき確率変数として「成功回数 (1 が出た回数)」を考えます。この確率変数の実現値は 0 以上 n 以下の数です。それぞれの実現値に対してそれが起こる確率を求め，表にまとめたものを**二項分布**と言います。

（1） Excel による二項分布の計算

　二項分布を具体的に求めるためには，それぞれの実現値に対して確率を計算しなくてはなりません。ここでは Excel を用いた計算方法を説明します。Excel では「BINOM.DIST 関数」という関数を使って計算します。

$$=\text{BINOM.DIST}(成功回数, 試行回数, 成功確率, \text{FALSE})$$

実際に $n = 3, p = 0.5$ (つまり試行回数が 3 で，成功確率が 0.5) の場合にこの関数を用いて確率分布を求めてみると図 4.1 のようになります。

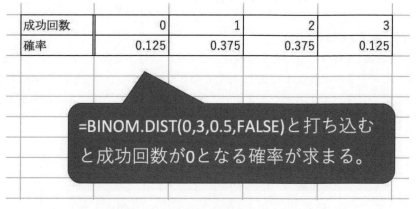

成功回数	0	1	2	3
確率	0.125	0.375	0.375	0.125

=BINOM.DIST(0,3,0.5,FALSE)と打ち込むと成功回数が0となる確率が求まる。

図 4.1　$n = 3, p = 0.5$ の場合の確率分布

問 4.2

(1) 歪みのないコインを 10 回投げて，5 回表が出る確率を求めなさい。

(2) サイコロを 20 回投げて，3 の目が 10 回出る確率を求めなさい。

4.3　中心極限定理

　4.1 節の (4) において，冒頭にあげた問題を解くために「近似というアプローチを用いる」と説明しました。この鍵となる現象について説明します。

4.3.1　確率を面積として理解する

このためにまず,「確率を面積として理解することができる」ことを説明します。ある確率変数 X があったとします。簡単のためこの確率変数の実現値は整数であるとします。確率分布とは実現値それぞれに対して,それが起こる確率を求め表にしたものです。今回この表から

- 各棒はそれぞれ実現値に対応していて,
- 棒の高さは「それが起こる確率」とし,底辺の長さは「1」とする

ような棒グラフを作ります。例えば確率変数 X は,成功確率が 0.5 であるベルヌーイ試行を 3 回試行したときの成功回数であるとします。このときの確率分布は図 4.1 でしたが,対応する棒グラフは図 4.2 になります。ここで横軸は回数を表し,縦軸はそれが起こる確率を表します。各棒の面積は高さと底辺の長さをかけたものになりますから,このように棒グラフを作成すると

「実現値 x が起こる確率」=「実現値 x に対応する棒の面積」

と理解することができます。

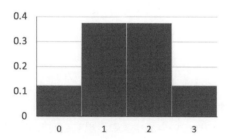

図 4.2　試行回数 3,成功確率 0.5 の場合の棒グラフ

4.3.2　試行回数を増やすと正規分布が見えてくる

成功確率が 0.5 であるベルヌーイ試行の試行回数を増やしてみます。試行回数が 10 であるとき,成功回数 X の確率分布に関する棒グラフは図 4.3 になります。さらに,試行回数が 50 であるとき,成功回数 X の確率分布に関する棒グラフは図 4.4 になります。これらの場合でも確率は面積だと考えることができます。この図 4.4 を観察すると,ある曲線が浮かび上がってくることに気

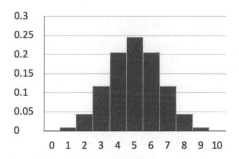

図 4.3　試行回数 10, 成功確率 0.5 の場合の棒グラフ

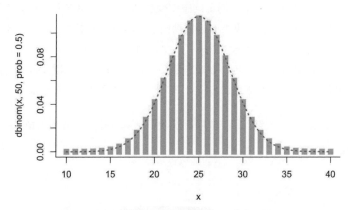

図 4.4　試行回数 50, 成功確率 0.5 の場合の棒グラフ

がつきます。図 4.4 ではその曲線は破線で表されています。この曲線は**正規分布**と呼ばれています。このように試行回数が多くなるにつれて，棒グラフは正規分布にだんだん近づいていきます。この現象を抽象化し洗練させたものを**中心極限定理**と言います。

4.3.3　近　似

　確率変数 X は，成功確率が 0.5 であるベルヌーイ試行を 50 回試行したときの成功回数であるとします。その確率分布から得られる棒グラフは図 4.4 でした。ここでは確率変数 X について「成功回数が 30 以上となる確率を求めよ」という問題を考えましょう。この問題を解くための 1 つ目のアイデアは「確率は面積と理解する」です。実際，成功回数が 30 以上となる確率は図 4.5 にあ

る棒グラフの棒の面積の合計となります。つまりこの面積を求めればよいのです。2 つ目のアイデアは「近似」です。「この棒グラフは正規分布とよばれる曲線に近い」ということを使います。図 4.5 と図 4.6 にある曲線が正規分布です。図 4.5 にある棒グラフの棒の面積の合計は，図 4.6 において影で示された部分の面積に近いと考えられます。まとめると

成功回数が 30 以上である確率

≒ 図 4.6 において影で示された部分の面積

となります。ここで注意ですが「直接確率を計算するよりも，図 4.6 において影で示された部分の面積を求める方が楽」でないと近似を用いる意味がありません。実は近似を用いて計算する方が楽だと言えます。

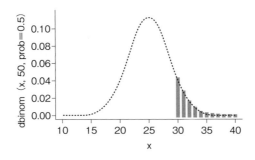

図 4.5 棒の面積の合計

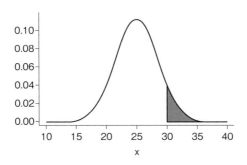

図 4.6 正規分布の下側の面積

4.4　正規分布への近似を用いた確率の計算

　確率変数 X は，成功確率が p であるベルヌーイ試行を n 回試行したときの
成功回数とします。この n と p は，考える問題の状況に応じて値を代入してい
きます。ただし n は十分大きいとします。x は確率変数 X のある実現値とし
ます。**この節の目標は，「成功回数が x 以上である確率」を実際に計算する方
法を説明することです。** 4.3 節で説明した近似を応用して計算するのですが，
実際に計算するためにはテクニックが必要です。使うのは**確率変数の標準化**と
呼ばれているテクニックです。これを説明するために，まずは確率変数の**期待
値**と**分散**を説明します。

4.4.1　期待値・分散

　X は確率変数とします。この
確率変数の実現値の個数を k と
おきます。そしてその実現値を
それぞれ $x_1, x_2, \ldots, x_k$ とおき
ます。実現値 $x_1, x_2, \ldots, x_k$ が

表 4.2　確率変数 X の確率分布

実現値	x_1	x_2	$\cdots$	x_k
確率	p_1	p_2	$\cdots$	p_k

起こる確率をそれぞれ $p_1, p_2, \ldots, p_k$ とおきます。すなわち確率変数 X の
確率分布は表 4.2 となります。このとき確率変数 X の**期待値**を次で定義し
ます：

$$x_1 \times p_1 + \cdots + x_k \times p_k$$

この X の期待値を $E(X)$ と書き表すことにします。確率変数 X の期待値は，
確率変数 X の**平均**とも言います。確率変数はいろいろな値を取り得ますが，
それらの値を代表する値だと考えることができます。

　データのばらつき具合の指標として**分散**というものがあります。確率変数は
いろいろな値を取り得ますが，確率変数に対しても「ばらつき」を考えること
ができます。このことをバッティングセンターにある機械を例に説明してみ
ます。

　例えば時速 130km のボールを投げる機械があったとします。この機械が実
際に投げるボールの速さは毎回時速 130km とは限りません。多少の誤差があ
り，実際に投げられたボールの速さは様々です。そこで，この機械の投げる
ボールの速さを確率変数だと仮定します。

- 精度が良い機械になると時速 130km に近い速さのボールを投げる確率が高くなります。このことを「確率変数のばらつきが小さい」と言います。
- 精度が悪い機械になると時速 130km から離れた速さのボールを投げる確率が高くなります。このことを「確率変数のばらつきが大きい」と言います。

このように確率変数に対して「ばらつき」を考えることができます。この「ばらつき」を数値化したものを確率変数 X の**分散**と言い，次のように定義します；

$$(x_1 - E(X))^2 \times p_1 + \cdots + (x_k - E(X))^2 \times p_k$$

この X の分散を $V(X)$ と書き表すことにします。確率変数のばらつきが小さいほど分散の値は小さくなり，ばらつきが大きいほど分散の値は大きくなります。

さらにデータのばらつきについての指標として**標準偏差**があります。これはデータの分散の正の平方根として定義されます。一方で確率変数の場合にも標準偏差を同様に定義します。つまり確率変数 X の**標準偏差**を確率変数 X の分散の正の平方根として定義します。

（1） 例 (サイコロの目)

(歪みのない) サイコロを 1 つ投げて，確率変数 X を出た目とします。この確率変数 X の確率分布は表 4.1 です。期待値 $E(X)$ と分散 $V(X)$ は次のようになります：

$$
\begin{aligned}
E(X) &= 1 \times \frac{1}{6} + 2 \times \frac{1}{6} + 3 \times \frac{1}{6} + 4 \times \frac{1}{6} + 5 \times \frac{1}{6} + 6 \times \frac{1}{6} = \frac{7}{2} \\
V(X) &= \left(1 - \frac{7}{2}\right)^2 \times \frac{1}{6} + \left(2 - \frac{7}{2}\right)^2 \times \frac{1}{6} + \left(3 - \frac{7}{2}\right)^2 \times \frac{1}{6} \\
&\quad + \left(4 - \frac{7}{2}\right)^2 \times \frac{1}{6} + \left(5 - \frac{7}{2}\right)^2 \times \frac{1}{6} + \left(6 - \frac{7}{2}\right)^2 \times \frac{1}{6} \\
&= \frac{35}{12}
\end{aligned}
\tag{4.1}
$$

（**2**） **例 (二項分布)**

　確率変数 X は，成功確率が p であるベルヌーイ試行を n 回試行したときの成功回数であるとします。この確率変数 X の期待値と分散を計算したいときは，次の公式を用います：

$$E(X) = np, \quad V(X) = np(1-p) \tag{4.2}$$

この公式の導出の方法は割愛します。例えば $E(X) = np$ の意味は「成功確率が p の試行を n 回繰り返したとき，成功の回数は平均的に $n \times p$ 回である」ということを意味し，これは直観に合っています。また分散が，成功確率が 0.5 つまり 50% のとき最も大きくなります。つまり 50% のとき成功回数の値のばらつきが大きくなるわけです。例えば何かの勝ち負けを賭けることを考えます。もし勝つか負けるかちょうど半々だとするとどちらに賭けるのかの意思決定が困難になります。

4.4.2　確率変数の標準化

　確率変数 X が与えられているとします。この確率変数から期待値が 0 で分散が 1 である確率変数をつくることができます。その方法はつぎになります：

　　Step 1: まず確率変数 X の期待値と標準偏差を求めます。計算の結果がそれぞれ μ, σ であったとします。

　　Step 2: つぎに Z を次のように定義します：

$$Z = \frac{X - \mu}{\sigma}$$

この Z は確率変数です。なぜなら Z は，$\frac{x-\mu}{\sigma}$ (ただし x は X の実現値) という形の値をとりますが，どの値が起こるかは確率的に決まるからです。$\frac{x-\mu}{\sigma}$ が起こる確率は，確率変数 X について x が起こる確率と一致します。このように Z は確率変数ですが，実は Z の期待値は 0 で分散は 1 であることが知られています。この確率変数 Z を，確率変数 X の**標準化**と言います。

（**1**） **例 (試行回数 3・成功確率 0.5 の二項分布)**

　確率変数 X は，成功確率が 0.5 であるベルヌーイ試行を 3 回試行したときの成功回数であるとします。この場合，期待値と分散は公式 (4.2) を用いることで，それぞれ 1.5 と 0.75 であることがわかります。つまり標準化によって

得られる確率変数 Z は

$$Z = \frac{X - 1.5}{\sqrt{0.75}}$$

となります。ここで $\sqrt{0.75}$ という記号が出てきましたが，これは Excel の **SQRT 関数**を使えばおおよその値を求めることができます。実際セルに「=SQRT(0.75)」と打ち込めば「0.866025404」と出力されます。

この確率変数 Z の確率分布は表 4.3 となります。もとの確率変数 X の確率分布は図 4.1 でしたから，確率は変わらず，実現値だけが変わった形になります。実際に確率変数 Z に対して定義の式にあてはめて期待値と分散を計算すると，それぞれ 0 と 1 であることを直接確かめることができます。

表 4.3 Z の確率分布

実現値	$\frac{0-1.5}{\sqrt{0.75}}$	$\frac{1-1.5}{\sqrt{0.75}}$	$\frac{2-1.5}{\sqrt{0.75}}$	$\frac{3-1.5}{\sqrt{0.75}}$
確率	0.125	0.375	0.375	0.125

この節の目標は，「成功回数が x 以上である確率 (記号で表すと $P(X \geqq x)$)」を実際に計算することでした。この目標に向けて大切な等式を説明します。例えば確率変数 X は，成功確率が 0.5 であるベルヌーイ試行を 3 回試行したときの成功回数であるとします。このとき，

$$P(X \geqq 2) = 0.375 + 0.125$$

です。一方で表 4.3 を見れば次を得ます。

$$P\left(Z \geqq \frac{2 - 1.5}{\sqrt{0.75}}\right) = 0.375 + 0.125$$

すなわち等式 $P(X \geqq 2) = P\left(Z \geqq \frac{2-1.5}{\sqrt{0.75}}\right)$ が成り立ちます。一般に Z を確率変数 X の標準化とすると，つぎの等式が成り立ちます：

$$P(X \geqq x) = P\left(Z \geqq \frac{x - \mu}{\sigma}\right) \tag{4.3}$$

ここで μ は X の期待値で，σ は X の標準偏差とします。この等式を使って $P(X \geqq x)$ を計算します。

問 4.3

(1) 歪みのないコインを 10 回投げるとします。このとき，確率変数 X を表が出た回数とします。確率変数 X の期待値・分散・標準偏差を求めなさい。

(2) サイコロを 20 回投げるとします。このとき，確率変数 X を 3 の目が出た回数とします。確率変数 X の期待値・分散・標準偏差を求めなさい。

4.4.3　Excel による標準正規分布の計算

いよいよ具体的に $P(X \geqq x)$ (つまり「成功回数が x 以上である確率」) を計算します。

（1）標準正規分布

4.3.3 の結論は「$P(X \geqq x)$ は，図 4.6 にあるような正規分布の下側の面積で近似することができる」でした。今回は確率変数 X そのままを考えるのではなく，その標準化 Z を考えます。実は次のことが言えます

$$P\left(Z \geqq \frac{x - \mu}{\sigma}\right)$$ は，**標準正規分布**の下側の面積で近似することができる。

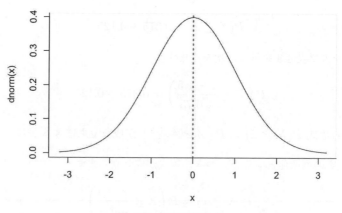

図 4.7　標準正規分布

標準正規分布という新しい言葉が出てきました。これは正規分布と呼ばれているものの一つで，これは図 4.6 に現れた正規分布よりも扱いやすいものになります。標準正規分布の形は図 4.7 のようになります。とりあえずここでは

- 峰が 1 つで，峰は $x = 0$ のところにある
- $x = 0$ に関して (図 4.7 の点線に関して) 左右対称

という特徴を覚えておけば良いでしょう。

(2) 計 算

$P(X \geq x)$ を計算するのが目標でした。等式 (4.3) を用いれば $P\left(Z \geqq \frac{x-\mu}{\sigma}\right)$ を計算すれば良いことになります。さらに実は $P\left(Z \geq \frac{x-\mu}{\sigma}\right)$ は，図 4.8 にあるような標準正規分布の下側の面積で近似することができます。言い換えると「標準正規分布の下側で，$\frac{x-\mu}{\sigma}$ より**右側**の部分の面積」で近似できます。これからこの部分の面積の求め方を説明します。今回は Excel の **NORM.S.DIST 関数**を用いることにします。この関数は Excel のセルに

$$=\text{NORM.S.DIST}(入力値, \text{TRUE})$$

と打ち込むことで使えます。このように打ち込めば値が出力されますが，この出力値の意味は「標準正規分布の下側で，入力値より**左側**の部分の面積」とな

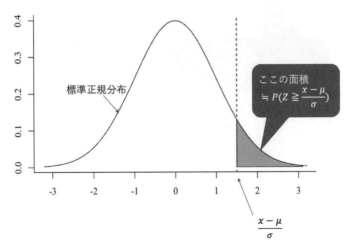

図 4.8 面積の計算

ります。例えば「=NORM.S.DIST(−1.5,TRUE)」とセルに打ち込めば「標準正規分布の下側で，−1.5 より**左側**の部分の面積」が求まります (図 4.9)。

今回求めたい面積は「標準正規分布の下側で，$\frac{x-\mu}{\sigma}$ より**右側**の部分の面積」です。これを求めるにはどうすればよいのかを説明します。これは標準正規分布の「$x=0$ に関して左右対称」という性質を用いればよいことがわかります。実際，図 4.10 で説明されている通り，「標準正規分布の下側で，$\frac{x-\mu}{\sigma}$ より**右側**の部分の面積」は

$$=\text{NORM.S.DIST}\left(-\frac{x-\mu}{\sigma},\text{TRUE}\right)$$

によって計算することができます。

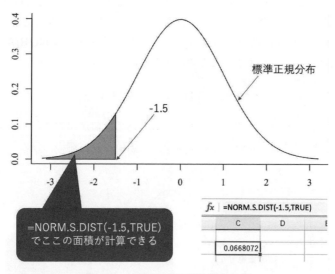

図 4.9 NORM.S.DIST 関数の例

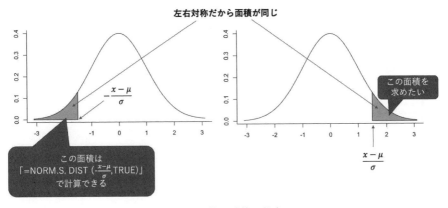

図 4.10 面積の計算の仕方

これで $P(X \geqq x)$ を計算できるようになりました。以上の議論をまとめると次の公式の形になります：

$P(X \geqq x)$ を求めるための公式

$$P(X \geqq x) = P\left(Z \geqq \frac{x - \mu}{\sigma}\right)$$

$$\fallingdotseq \lceil =\text{NORM.S.DIST}(-\frac{x - \mu}{\sigma}, \text{TRUE}) \text{ の値}\rfloor \qquad (4.4)$$

また $P(X \leqq x)$ を次の公式で計算することができることもわかります。

$P(X \leqq x)$ を求めるための公式

$$P(X \leqq x) = P\left(Z \leqq \frac{x - \mu}{\sigma}\right)$$

$$\fallingdotseq \lceil =\text{NORM.S.DIST}(\frac{x - \mu}{\sigma}, \text{TRUE}) \text{ の値}\rfloor \qquad (4.5)$$

次の節でこれらの公式を冒頭のサイコロの問題・視聴率の問題へ応用します。

問 4.4

(1) 歪みのないコインを 100 回投げるとします。60 回以上表が出る確率を，公式 (4.4) を用いて求めてみてください。

(2) サイコロを 200 回投げて，3 の目が出る回数が 30 以下となる確率を，公式 (4.5) を用いて求めてみてください。

4.5　仮説検定

これまで準備してきた道具を使って実際に 4 章の冒頭の問題を解いていきます：

- サイコロを 250 回振ったところ，1 の目が 55 回出た。このサイコロは 1 の目が出やすいと判断してよいか？

- あるテレビ番組の視聴率は 20% であるという。これを確かめるために，5000 人にアンケート調査を行ったところ，950 人が視聴していた。これは，実際の視聴率は 20% より小さいということを示唆する結果であろうか？

4.5.1　サイコロの問題

まずこの結果を見て「全 250 回のうちで 50 回も 1 の目が出るのは，1 の目が出過ぎているのではないか？」と考えます。そこで「1 の目が出やすいのではないか」と仮説を立てます。この仮説を次のように検証します：

Step 1: 1 の目が出る確率が 1/6 であると仮定し，1 の目が (55 回も) 多く出たことは偶然だと考えます。そしてその偶然が起こる確率を計算します。

Step 2: 基準を設け，Step1 で計算した偶然が起こる確率がその基準を下回るかを調べます。

Step 3: もし下回れば「こんなに偶然が起こる確率が小さいのなら，これは偶然ではなく，もともと出やすかったのだろう」と判断します。

では実際に検証してみましょう。

（1） Step 1

まず「1の目が出た回数」を確率変数だとします。いちいち「1の目が出た回数」と書くのは面倒なので，この確率変数を X で表します。1の目が出る確率が 1/6 であると仮定しているので，この X の確率分布は「試行回数 $n = 250$，成功確率 $p = 1/6$ の二項分布」となります。55回も多く出る偶然が起こる確率を計算したいので，今回は $P(X \geqq 55)$ を計算することにします。つまり1の目が 55 回以上出る確率を計算します。公式 (4.4) を使います。今回は $x = 55$ です。公式を使うためには X の期待値 μ と標準偏差 σ を求めなくてはなりません。これは公式 (4.2) を使えばわかります。今回は $n = 250, p = 1/6$ なので期待値は $250/6$，分散は $250 \times (1/6) \times (5/6)$ です。標準偏差は，分散の正の平方根なので $\sqrt{250 \times (1/6) \times (5/6)}$ です。以上より μ と σ がわかりました。公式によれば $P(X \geqq 55)$ は，次の計算結果とおよそ一致します：

$$=\text{NORM.S.DIST}(-(55-250/6)/\text{SQRT}(250*(1/6)*(5/6)),\text{TRUE})$$

計算結果は図 4.11 のように，「0.01182581」となります。これが $P(X \geqq 55)$ のおおよその値です。この確率は **p 値** と呼ばれます。

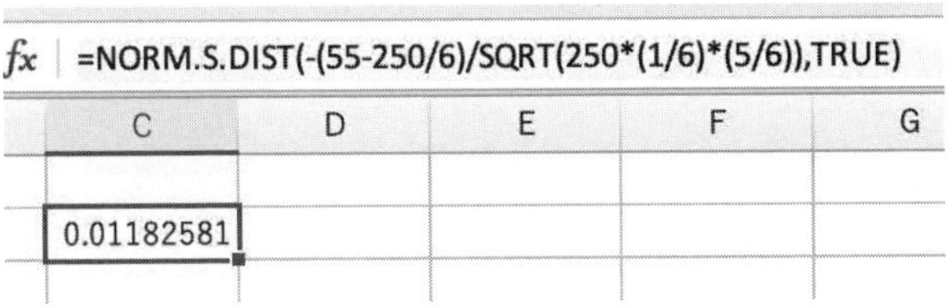

図 4.11　計算結果

（2） Step 2・Step 3

Step 1 の計算によって p 値は「0.01182581」とわかりました。ここで考えることは，この p 値が十分小さいかどうか判断するための基準を設けることです。一般的に「p 値が 0.05 以下かどうか」という基準がよく使われます。今回もこの基準を用いることにします。つまり，p 値が「0.05 以下」の場合，確率は十分小さいと考えるということです。この基準のことを **有意水準** と言います。

今回 p 値は「0.01182581」ですからこれは 0.05 以下です。有意水準を下回っているので「こんなに偶然が起こる確率が小さいのなら，これは偶然ではなく，もともと出やすかったのだろう」と判断します。以上から，答えは「1 の目が出やすいと判断してよい」です。

4.5.2　視聴率の問題

まず「5000 人のうちで 950 人が見ていた」という結果は視聴率 20% のときに期待される人数よりも多いか，少ないかを考える必要があります。5000 人のうちで 950 人の占める割合は 19% ですから，期待される人数よりも少ないことがわかります。そこで「実際の視聴率は 20% よりも小さい」という仮説をおくことにします。この仮説を次のように検証します：

Step 1: 視聴率が 20% であると仮定し，(950 人しか見ていないという) 視聴者が少ない観測結果は偶然だと考えます。その偶然が現れる確率を計算します。

Step 2: 基準を設け，Step1 で計算した偶然が起こる確率がその基準を下回るかを調べます。

Step 3: もし下回れば「こんなに偶然が起こる確率が小さいのなら，これは偶然ではなく実際の視聴率は 20% より低かったのだろう」と判断します。

では実際に検証してみましょう。

(1)　Step 1

まず「5000 人中の視聴人数」を確率変数だとします。この確率変数を X で表します。日本に住む人全体の中から 1 人，ランダムに選び視聴していたか，していないかを尋ねる行為はベルヌーイ試行と考えることができます。5000 人に尋ねるということは，ベルヌーイ試行の試行回数が 5000 であることを意味します。視聴率が 20% であると仮定しているので，この X の確率分布は「試行回数 $n = 5000$, 成功 (視聴) 確率 $p = 20/100$ の二項分布」となります。950 回と少ない偶然が起こる確率を計算したいので，今回は $P(X \leq 950)$ を計算することにします。つまり日本に住む人全体の中から 5000 人をランダムに選んだとき，その 5000 人のうち視聴者数が 950 人以下になる確率を計算します。

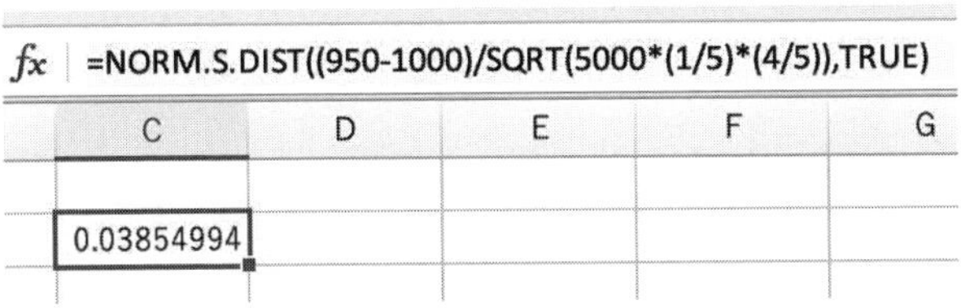

図 4.12 計算結果

公式 (4.4) を使います。今回は $x = 950$ です。$n = 5000, p = 20/100$ なので公式 (4.2) より X の期待値は 1000 で，X の標準偏差は $\sqrt{5000 \times (1/5) \times (4/5)}$ です。公式によれば $P(X \leq 950)$ は，次の計算結果とおよそ一致します：

=NORM.S.DIST((950−1000)/SQRT(5000*(1/5)*(4/5)),TRUE)

計算結果は図 4.12 のように，「0.038549936」となります。これが $P(X \leq 950)$ のおおよその値です。

（2） Step 2・Step 3

次に考えることは Step 1 で得た p 値「0.038549936」が十分小さいかどうか判断するための基準 (有意水準) を設けることです。今回も「p 値が 0.05 以下かどうか」という基準を用いましょう。p 値は「0.038549936」ですからこれは 0.05 以下です。有意水準を下回っているので「こんなに偶然が起こる確率が小さいのなら，これは偶然ではなく実際の視聴率は 20% より低かったのだろう」と判断します。以上から，答えは「実際の視聴率は 20% より小さいということを示唆する結果である」です。

問 4.5

日本において血液型が O 型である人の割合は 30% だと言われています。ある地域内でランダムに選び出された 1000 人に対して血液型検査を行なったとします。その結果血液型が O 型であった人数が 270 人でした。この地域における O 型の人の割合は 30% よりも少ないと言えるでしょうか？ 有意水準を 0.05 として検証してください。

5

実践データサイエンス（機械学習）

5.1 機械学習

　データサイエンスにおいて，**機械学習**はデータの分析や予測に欠かすことのできないツールです。機械学習（machine learning）という言葉が誕生したのは 1959 年，Arthur Samuel によるチェッカーというボードゲームのコンピュータエージェントの開発に関する論文の中のことです [16]。以来様々な手法が発明され続け，今日も目覚ましい勢いで発展を続けている分野です。近年の人工知能（AI: Artificial Intellegence）ブームを支えるのも機械学習といっても過言ではありません。機械学習の発展とコンピュータの進化も相まって，分野によっては人間のエキスパートを超越する性能を発揮する AI も出現しています。図 5.1 に機械学習を使った最先端の AI の例をいくつか挙げています。左上は CT スキャン画像から肺がんの有無を判定する AI で，放射線科医の平均を超える精度を達成しています [1]。このような画像（写真）に移っているものを分類／判別する問題は AI の得意とするところです。ImageNet [9, 10] という大規模教師付き画像データセット（2015 年 6 月時点で，2 万クラス以上，1400 万枚以上のラベル付き画像を含む）を用いて，コンピュータの識別制度を競うコンペティション ILSVRC (ImageNet Large Scale Visual Recognition Challenge) が，この分野の発展に大きく貢献しました。この画像は車であるとか，ハンマーであるとか，写っているものを 1000 クラス（種類）のクラス分類を行う問題で競われてきましたが，既に人間の能力を超えていると言われています。文章や言語を処理して正解を導き出すこともできます。2011 年アメリカのテレビクイズ番組で，IBM が開発した「Watson」が人間のチャンピオンに勝利し話題になりました。ボードゲームも AI が得意とするところです。チェスでは 1997 年に IBM の Deep Blue が世界チャンピオンに勝利 [8]，

医療画像診断（Ardila et al., 2019 を一部改変）　　画像認識
　　　　　　　　　　　　　　　　　　　　　　　　（ImageNet より）

　クイズ（IBM Watson, Jeopardy）　　　ボードゲーム（AlphaGo）

図 **5.1**　機械学習を使った最先端の AI

　将棋でも，2010 年代に入りコンピュータがトッププロに追いついたという分析がなされるようになりました [29]。盤面が大きく盤局の展開が膨大な囲碁では，コンピュータの勝利はまだまだ先だと考えられていました。しかし，2016 年に Google DeepMind の Alpha Go [12] が人間のトッププロを破り世に衝撃を与えました。

　こうした AI はいずれも大量のデータから，コンピュータがデータと正解やより良い答えとの間の法則性を学ぶことで実現されています。そこで使われているのが機械学習です。

5.1.1　機械学習とは

　機械学習とは何か？ 一般に明確な定義は存在しませんが，以下の説明がよく用いられます。「機械学習分野では，経験によって自動的にパフォーマンスの改善を行うコンピュータプログラムを構築することをテーマとしている」[13] 経験というのは一般にデータのことを意味します。ある問題に対し，パフォーマンスを測るための評価尺度を用意し，経験（データ）から評価尺度を最大化するようなプログラムを作っていきます。つまるところ，データから何らかの規則性や基準を発見し，データの解析や予測，判断を行うといった，問題の目

的を達成するための技術と言えるでしょう。

　機械学習は，目的や学習方法によっていくつかの種類に分かれます。冒頭で述べたように，現在も激しく発展を続ける分野なので今後も変化していくと思われますが，現在のところ次の3つに分けるのが一般的です。

・教師あり学習

　教師データ（正解が分かっているデータ）を使ってモデルを訓練し，**未知の(新しい) データに対する予測性能**（＝**汎化性能**）を高める。**回帰，分類**に大別される。

・教師なし学習

　データに対応する正解が与えられない。データから隠れた構造やパターンを見つけ出す。**クラスタリング，次元削減**などがある。

・強化学習

　明確な正解データが与えられていないが，行動の結果に対して評価（報酬）が与えられる。報酬が最大化されるような行動を試行錯誤的に探索する。

　本章では，実問題でより使用する機会の多いと思われる「教師あり学習」と「教師なし学習」について紹介していきます。

5.2　教師あり学習

　本節では，教師あり学習とはどんなものか，どんな時に役に立つのか，どんなところに気を付けてどうやって使うのかを解説していきます。そして，シンプルな学習アルゴリズムを使って，簡単な教師あり学習ができるようになることを目指します。

5.2.1　教師あり学習とは

　コンピュータがデータから学習するのが機械学習と説明しましたが，教師あり学習では，この学習に使われるデータセットに**教師データ**，つまり正解データがあるというのが特徴です。データセットとは学習に使う手持ちの事例データの集合のことで，一般には過去のデータや，人間が正解を割り当てたデータを学習（トレーニング）用のデータセットとして使います。

　図 5.2 に教師あり学習のイメージを示します。予測したいものを出力 y，予測に使うデータを**特徴量 X** と表しています。上段は気象データ X を特徴量とし，アイスの売り上げ y を予測するという例です。下段は写真などの画像データを特徴量 X として，その画像に描かれているものが何の動物であるか（y）を予測するという例です。いずれのケースも y と X の間の関係をデータから学習し，今後の予測（明日の売り上げや，新たに与えられた画像の予測）に用いるというイメージです。つまり，学習とは手持ちデータから y と X の間の関係を見つけ出すことと言えるでしょう。この y と X の関係を表現するための数式を**モデル**と呼びます。$y = f(X)$ というのは，このモデルの一般表現です。教師あり学習では，特徴量と教師データが回帰分析など統計でいうところの説明変数と目的変数にあたります。

　ところで，もし機械学習を使わなかったらどうなるでしょうか。ルールと例外が大量に，あるいは無限に必要となり，対処できなくなるでしょう。図 5.1 に挙げた例を考えてみれば，「データがこうなっていれば結果はこうなる」といったルールを人手で書いていくのは，およそ不可能であることが想像できます。

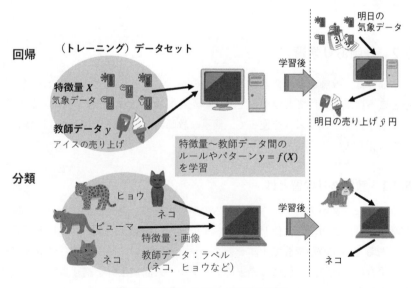

図 5.2　教師あり学習（回帰と分類）

回帰（問題）

- 出力（予測するもの）：1つ，あるいは複数の連続値
- 例：売り上げ予測，需要予測など
- モデル：線形回帰，多項式回帰，ニューラルネットワークなど

分類（問題）

- 出力：有限個のカテゴリの1つ（への割り当て）
- 例：画像識別，医療画像診断，スパムメールフィルターなど
- モデル：ロジスティック回帰，k 近傍法，サポートベクターマシン（SVM），ニューラルネットワークなど

例えば，正解か不正解，病気であるか病気でないか，など2つの選択肢のどちらかに割り当てる問題を二値分類，図 5.2 の例のように，3つ以上の選択肢（カテゴリー）の中から正解を選択する問題を多値分類と呼びます。判別（問題）という言い方をすることもあります。

5.2.2 教師あり学習の手順

図 5.3 に，教師あり学習の手順を示します。

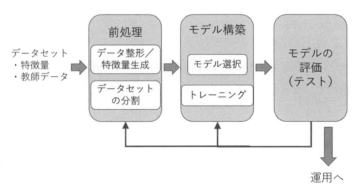

図 5.3 教師あり学習の手順

5.2.3 教師あり学習（回帰問題）の簡単な例

小学校でこんな問題を習わなかったでしょうか。

> 太郎さんの家から学校までの距離は 1km です。家から中間地点まで 10 分
> かかりました。学校に到着するのは，家を出てから何分後でしょう？

　恐らく，多くの人が図 5.4 のようなイメージをした上で，迷いなく 20 分後と
答えるでしょう。思考の過程を追ってみましょう。x を家からの距離（km），
y を家からの所用時間（分）として，$y = ax$ という数式で 1km 先にある学
校までの所要時間を求めるとすると，比例係数 a を決める必要があります。
$(x, y) = (0.5, 10)$ という中間（0.5km）地点までの所要時間というデータが与
えられているので，$a = 10/0.5 = 20$ であることが分かります。したがって，
1km 先にある学校までの所要時間は，$\hat{y} = 20 \times 1 = 20$（分）と予測されます。
このプロセスは，まさに教師あり学習そのもので，トレーニングデータからモ
デルの係数（パラメータ）a を求める行為を学習と呼びます。学習した a を
使って，1km 先の学校に到着する時間という未来の予測を行っているわけで
す。ちなみに，$\hat{y}$（読み方はワイハット）は y の予測値を意味しています。教
師あり学習の文脈に則って各要素を説明すると，以下のようになります。

- 出力 y：所要時間
- 特徴量 x：距離
- モデル：$y = ax$
  - パラメータ：a
- トレーニングデータ：中間地点の通過時刻 $(x, y) = (0.5, 10)$

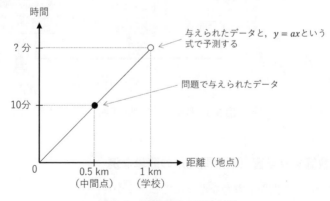

図 5.4　回帰問題の簡単な例

　ただしこの問題では，太郎さんの歩くスピードが一定で，$y = ax$ というモデル（数式）があてはめられるという，半ば暗黙の了解がありました。しかし，多くの現実の問題ではどんなモデルを使って予測を行うかは決まっておらず，さらに，データにノイズが乗っており，たった一点のトレーニングデータからモデルの学習を行うことはまずありません。

　次では，もう少し現実に寄せた問題を例にとり，**ノイズ**によって引き起こされる，教師あり学習で非常に重要な概念である，**モデル選択**と**過学習**について見ていきたいと思います。

5.2.4　適切なモデルとは？　過学習とは？

> ある物体を初速 v_0 で水平方向に投射した。$x = 1 \sim 10$ m の点で，物体が何 m 落下したかを観測する。$x = 11 \sim 15$ m の地点では何 m 落下するかを予測する。ただし，以下の条件を置く。
>
> - 観測にはノイズが乗る
> - 空気抵抗は無視する
> - 運動方程式 $\left(y = \frac{g}{2v_0^2}x^2\right)$ は使わず，観測結果からモデルを学習して予測する
> - モデルは多項式を用い，適切な次数を選択する

　高校で物理を習った人は運動方程式を用いて計算できると思いますが，3つ目の条件にあるように，観測データをトレーニングデータとして使いモデルを学習させることにします。

モデル選択

　ここまで説明してきた通り，モデルを選択するとは「こんな数式で予測できる」という仮定をすることです。天下り的ですが，ここでは**多項式近似**を採用することにします。ただし，多項式の次数という設計者が選択するパラメータを持っています。モデル，つまり予測に使用する数式の形を完全に決めるためには，このパラメータを設定する必要があります。どのくらいにすれば良さそうでしょうか？

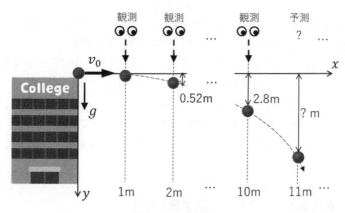

図 5.5　水平投射

$$y(x, \boldsymbol{w}) = w_0 + w_1 x^1 + w_2 x^2 + \cdots + w_M x^M = \sum_{j=0}^{M} w_j x^j$$

y：落下量 [m]

x：観測地点 [m]

$\boldsymbol{w}$：係数（学習パラメータ，y を予測するために決めるもの）

$y(x, \boldsymbol{w})$ は，y は，x と $\boldsymbol{w}$ の値によって決まるという意味です。y は予測したい量のことで，**目的変数**や**出力**ということもあります。この例では物体の x 地点における落下量です。x は予測に使う変数で，**説明変数**とか**特徴量**，あるいは**入力**ということもあります。特徴量という言い方が機械学習ではよく使われます。$\boldsymbol{w}$ は学習によって決める定数で，**学習パラメータ**，**重み**ともいいます。これをデータから決めることが**トレーニング（訓練）**です。M もパラメータですが，人が手動で調整する**調整パラメータ**（**ハイパーパラメータ**といいます）です。

多項式の次数 M を変えた場合の式を書き下すと，以下のようになります。

- $M = 0$ の場合：$y = w_0$
- $M = 1$ の場合：$y = w_0 + w_1 x$
- $M = 2$ の場合：$y = w_0 + w_1 x + w_2 x^2$

  $\vdots$
- $M = 10$ の場合：$y = w_0 + w_1 x + w_2 x^2 + \cdots + w_{10} x^{10}$

モデルの次数を $M = 1 \sim 10$ で変化させて，以下の手順で確認してみましょう。

1. トレーニング（訓練）：$x = 0 \sim 10$ m 地点での落下量 y の観測値を使って

$$E(\boldsymbol{w}) = \frac{1}{2} \sum_{n=1}^{N} \{y(x_n, \boldsymbol{w}) - y_n\}^2$$

が最小となるパラメータ $\boldsymbol{w}(= w_0, \cdots, w_M)$ を最小二乗法で決定する（N: データ数）

2. 予測結果（誤差）の確認：$x = 11 \sim 15$ m 地点での落下量 $\hat{y}$ を予測し，実際の結果との誤差を確認

$$E(\boldsymbol{w}) = \frac{1}{2} \sum_{n=1}^{N} \{y(x_n, \boldsymbol{w}) - y_n\}^2$$

は**残差平方和 (RSS: Residual Sum of Squares)** を意味しており，5.5 節で**最小二乗法**とともに解説しています。最小二乗法を使うとは，大雑把に言えば，N 個のデータ点とモデル式で引かれる線 y の誤差（距離）$E(\boldsymbol{w})$ が最小になるような $\boldsymbol{w}(= w_0, \cdots, w_M)$ を選んでくるということです。

教師あり学習では，以下の 2 種類の誤差でモデルのパフォーマンスを測ります。最初に説明した通り，教師あり学習の目的は学習に使われていない未知のデータに対して予測を行う（例えば明日の売り上げを予測する）ことなので，2 つのうち重要なのはテスト誤差です。予測結果とテストデータセットの教師データを比較することで，汎化性能を評価します。

- **トレーニング誤差（training error）**：トレーニングデータセット（学習に使ったデータ）に対するパフォーマンス
- **テスト誤差（test error）**：テストデータセット（未知の，学習に使っていないデータ）に対するパフォーマンス。トレーニング済みのモデルに対し，テストデータセットの特徴量（入力変数）を適用して算出する。

図 5.6 にモデルの次数 (M) を変化させたときの結果を，図 5.7 にトレーニング誤差とテスト誤差を示しています（図 5.5 では y 軸を下向きにとっていますが，図 5.6 では一般的なグラフの形式に則り，y 軸を上向きにしています）。

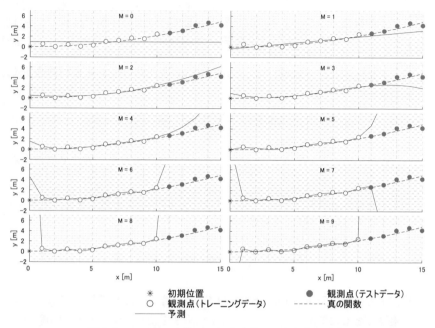

図 5.6 モデルの次数（M）を変化させたときの結果

　モデルの次数が上がるにしたがって，トレーニング誤差は減少しています。そして，パラメータの数（$M = 9$ のとき，$w_0, \cdots, w_9$ の 10 個）とトレーニングに使うデータの個数（$x = 1 \sim 10[\mathrm{m}]$ 地点での観測 10 個）が同じになるとき，モデルの曲線はすべてのトレーニングデータを通過し，トレーニング誤差が 0 になっています。

　$M = 0 \sim 1$ のときは，モデルがシンプル過ぎてデータ点の近似がうまくできない，過少学習（underfitting）という現象が起こっています。つまり，これらのモデルでは直線しか表現できないため，曲線を描きながら落下する物体の軌跡をうまく表現できていないということです。M が大きくなってモデルが複雑になればなるほど，複雑な軌跡を表現できるようになります。$M = 3 \sim 9$ のときは，過学習（overfitting）と呼ばれる，モデルが複雑すぎてトレーニングデータのノイズに対して過剰にフィッティングしてしまい，予測の精度が悪くなるという現象が起こっています。過少学習と過学習はそれぞれ，過少適合や過剰適合とも呼ばれることもあります。

　このケースでは $M = 2$ が最も適したモデルだと言えます（ただし，観測に

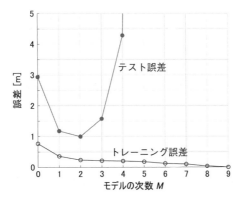

図 5.7 トレーニング誤差とテスト誤差

乗るノイズによっては多少異なる結果になる可能性もあります）。水平投射の
運動方程式 $(y = \frac{g}{2v_0^2}x^2)$ を見ても，落下量 y は x^2 に定数項を掛け合わせた形
になっているので，$M = 2$ が妥当であることがうかがえます。

　ここまでトレーニングデータが 10 個で学習した結果を確認してきました
が，ここで，データを増やせばどうなるでしょうか？　かなり極端ですが，
$x = 0 \sim 10[\mathrm{m}]$ の間に 1000 点の観測点を設け，トレーニングデータを 1000 個
に増やした場合の結果を図 5.8 と図 5.9 に示します。

　$M = 3$ 以上の時でも，学習されたモデル出力が真の関数の形に近くなり，テ
スト誤差が減少しているのが分かります。つまり，複雑なモデルでも，過学習
はトレーニングデータの量を増やすことで過学習を起こりにくくできるという
ことです。

　要点をまとめましょう。

- モデルを複雑にすればするほど（モデルのパラメータの数が増えるほ
  ど）トレーニングデータへのフィッティングが良くなり，トレーニング
  誤差は減少する。
- しかし，モデルが複雑すぎると，トレーニングデータに含まれる誤差へ
  の過剰なフィッティング（＝過学習）が起こり，未知のデータに対する
  誤差（テスト誤差）が大きくなってしまう。
- 過学習はトレーニングデータの数が多いほど起きにくくなる。

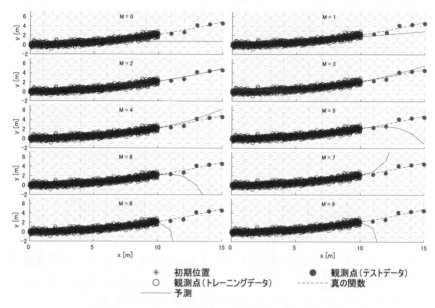

＊	初期位置
○	観測点（トレーニングデータ）
━━━	予測
●	観測点（テストデータ）
-------	真の関数

図 5.8 モデルの次数（M）を変化させたときの結果

（トレーニングデータ 1000 個の場合）

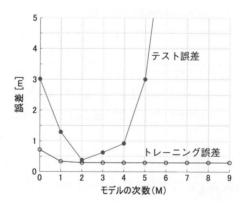

図 5.9 トレーニング誤差とテスト誤差（トレーニングデータ 1000 個の場合）

モデルの評価またはテストを行う意味。過学習を回避するには？

上の水平投射の例では，運動方程式を知らなくても物体は曲線を描きながら落下していくので，x^2 までの項を使う $y = w_0 + w_1 x + w_2 x^2$ という形が妥当であると気が付くかもしれません。しかし，現実の問題では，特徴量 X と出

• hold-out 法

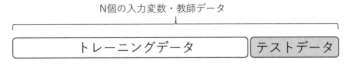

• *k*-fold cross validation（*k*-分割交差検証法）

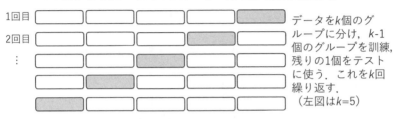

図 5.10 *データの分割*

力 y の間の関係が不明であることはよくあります。実際に機械学習を運用する際は，訓練（学習）に使っていない未知のデータに対して予測を行ってみて，学習されたモデルのパフォーマンスを測っておく必要があります。通常は以下のような手順で作業を行います。

1. 特徴量（入力変数）と出力がセットで用意されている手持ちのデータセットを，トレーニングデータセットとテストデータセットに分ける。
2. トレーニングデータセットを使ってモデルを学習する。
3. 学習済みモデルに テストデータセットの特徴量（入力変数）を適用，その予測結果とテストデータセットの教師データを比較する。

3. の作業の意味は，答えを持ってるけど知らないふりをして予測をして，それから答え合わせをするということです。図 5.10 に，代表的な 2 種類のトレーニング／テストデータセットの分け方を示しています。**hold-out 法**が最もシンプルな方法です。トレーニング／テストデータセットの比率に特に決まりはありませんが，トレーニング 4 に対し，テスト 1 くらいの割合で使うことが多いようです。**cross validation 法**は見かけ上，トレーニング／テストに使うデータ数を増やすことができるので，手持ちのデータセットの数が少ない時には特に有効です。また，データの偏りによる影響を緩和することができるので，より信頼性の高い方法であると言えます。

5.2.5　重回帰—特徴量が複数ある場合

　先ほどの水平投射の例では特徴量が距離 x 1 つのみでしたが，現実の問題では複数の特徴量から予測を行うことが多くなります．本節では，複数の特徴量を用いる教師あり学習の回帰問題を，実際のデータを使って見ていきます．

- 目的：来月以降の気象予報から，神戸市におけるアイスクリームの売り上げを予測すること
- データ：過去の売り上げ（支出）と気象のデータ，150 か月分（2007 年 9 月〜2020 年 2 月）
    - 神戸市の二人以上の世帯における，アイスクリーム・シャーベットへの月次支出額（e-Stat: 政府統計の総合窓口 HP [60] より）
    - 神戸市の 25 種類の月次気象データ（気象庁 HP [61] より）
        1) 平均気温 (℃)
        2) 日最高気温の平均 (℃)
        3) 日最低気温の平均 (℃)
        4) 最高気温 (℃)
        5) 最低気温 (℃)
        6) 日最高気温の最低 (℃)
        7) 日最低気温の最高 (℃)
        8) 降水量の合計 (mm)
        9) 10 分間降水量の最大 (mm)
        10) 日降水量の最大 (mm)
        11) 日降水量 0.0mm 以上日数 (日)
        12) 日照時間 (時間)
        13) 日照率 (%)
        14) 日照時間 0.1 時間未満日数 (日)
        15) 日照率 40% 以上日数 (日)
        16) 平均風速 (m/s)
        17) 平均蒸気圧 (hPa)
        18) 平均湿度 (%)
        19) 最小相対湿度 (%)
        20) 平均現地気圧 (hPa)
        21) 平均海面気圧 (hPa)
        22) 最低海面気圧 (hPa)
        23) 平均雲量 (10 分比)
        24) 日平均雲量 8.5 以上日数 (日)
        25) 日平均雲量 1.5 未満日数 (日)

　この問題では**線形回帰モデル**

$$y = w_0 + w_1 x_1 + w_2 x_2 + \cdots + w_D x_D$$

を採用することに決めておいて，予測に使用する特徴量の数を変えていったときに，パフォーマンス（予測精度）にどのような影響があるのかを確認していきます。D は予測に使う特徴量の次元数です。今，25 種類の気象データが用意されているので，これらをすべて使えば $D = 25$ ということになります。線形回帰は一番シンプルな教師あり学習のモデルですが，うまく使えば強力で応用範囲も広く，解釈性が高いので是非ともマスターしてください。

　パフォーマンスの評価関数と学習アルゴリズムは，先ほどと同じ残差平方和

$$E(\boldsymbol{w}) = \frac{1}{2} \sum_{n=1}^{N} \{y(x_n, \boldsymbol{w}) - y_n\}^2$$

を最小化する最小二乗法を採用することにします。

　まず，教師データ（支出額）と，1 つ目の特徴量である平均気温との関係を見てみましょう。図 5.11 を見ると，気温が高くなるほど支出額が増えるという関係があることが分かります。この特徴量のみなら，$y = w_0 + w_1 x_1 (D = 1)$ の式で学習・予測を行うことになります。特徴量が 2 つならば $y = w_0 + w_1 x_1 + w_2 x_2$，3 つならば $y = w_0 + w_1 x_1 + w_2 x_2 + w_3 x_3$ となります。使用する特徴量を増やせば，学習パラメータ w_i の数も増える，すなわちモデルが複雑になります。

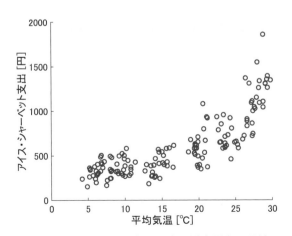

図 5.11　教師データ（支出額）平均気温との関係

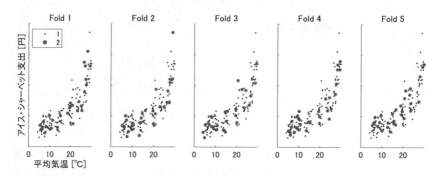

図 5.12　データの分割（5-fold CV）

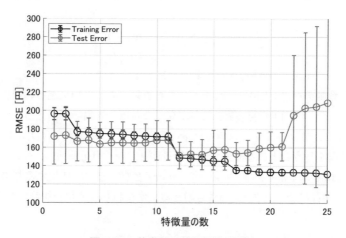

図 5.13　特徴量の数と誤差の関係

モデルのパフォーマンスの評価は，5-fold cross validation (CV) を用いて行います。つまり，150 か月分のデータをランダムに 5 つに分割し（図 5.12 参照），図 5.10 のように 5 回のトレーニング・テストを行います。特徴量を 1〜25 まで変化させたときの，誤差を図 5.13 に示します。○は 5 回のテスト誤差の平均を，エラーバーは標準偏差を表しています。

　特徴量の数が 12 までは，特徴量の数を増やすごとにトレーニング誤差・テスト誤差ともに減少しています。しかしそれ以降は特徴量の数を増やすごとにテスト誤差が大きくなっています。特に 22 を超えると誤差の平均・標準偏差ともに急激に大きくなり，予測が非常に不安定になっていることが分かります

(使用する特徴量の組み合わせによって，この誤差の変動は変わります。ここ
では 1)〜25) の特徴量を順番に加えています)。

　以下のような原因が，予測精度の低下や不安定化を招きます。

- 過学習（Over fitting）
  - 未知のデータに対しての予測精度が悪くなる
  - データ数に対してモデルが複雑すぎる
  - 学習パラメータが多すぎる
  - 特徴量（入力変数）の数が多すぎる
- 多重共線性
  - 学習パラメータが不安定になる
  - 特徴量（入力変数）間の相関が高いことによる

入力する特徴量が増えることでパラメータが増えて**過学習**が起こりやすくな
る，という点は多項式近似で次数を増やした時と同様です。2 つ目の**多重共線
性**というのは，特徴量同士に相関が高いものが含まれているとき起こることが
あります。本来，回帰では特徴量間の独立性を条件としています。例えば今回
の問題では，平均気温 (℃)，日最高気温の平均 (℃)，日最低気温の平均 (℃)，
最高気温 (℃)，最低気温 (℃) といった，いかにも相関が高そうな特徴量が複
数含まれています。つまり，複数の特徴量を使った方が性能が上がるからと
いって，むやみやたらと特徴量の数を増やしてしまうと，過学習や多重共線性
といった問題により，逆に性能が下がってしまうことがあるので注意が必要で
す。事前にデータ間の関係をチェックし，注意を払うことが大切です。

　また，これらの問題を回避するためには，教師なし学習を用いた特徴量の次
元削減（5.3.2 参照）や，本書では触れませんが，情報量基準を用いた特徴量次
元の選択，スパース推定による特徴量の絞り込みなども有効です。

　以下に，注意すべき点をまとめます。

- テストデータを使ったモデル評価が必要
  - Hold-out 法や Cross validation でトレーニングとテストデータ
    セットに分割
  - テストデータに対するパフォーマンス（テスト誤差）が重要
- 適切な（現象に合った）モデル選択が望ましい
  - むやみにモデルを複雑にしない
  - むやみに特徴量を増やさない

5.2.6　分　類

　回帰問題では出力 y が連続的な値を取るので，小学校から扱っていた線形モデルや多項式の考え方がそのまま当てはまりました。しかし，分類問題では y は基本的に離散値を取ります。例えば，yes ならば $y = 1$，no ならば $y = 0$ といった具合です。あるいは，じゃんけんなど 3 つ以上のカテゴリーがある場合は，グーならば $y = (1, 0, 0)$，パーならば $y = (0, 1, 0)$，チョキならば $y = (0, 0, 1)$ といった **one-hot vector 表現**を使うこともあります。過学習への対処や，トレーニング／テスト誤差の確認の手順は回帰問題の場合と同様です。学習モデルも回帰と共通のものもあれば，分類独自のものもあります。分類におけるシンプルなモデルの一つが**ロジスティック回帰**です。

ロジスティック回帰

　簡単に言えば，0 か 1 の確率を線形モデルで回帰するための式です。

$$y = \frac{1}{1 + \exp\left(-(w_0 + w_1 x_1 + w_2 x_2)\right)}$$

> **コラム**　**モデル選択とノーフリーランチ定理**
> 　　　　　**（No Free Lunch Theorems）**
>
> 　この節では教師あり学習のモデルとして，線形近似と多項式近似というシンプルな方法を紹介しました。SVM (Support Vector Machine)，ランダムフォレスト，ニューラルネットワーク（ディープラーニング）など，より複雑で強力な手法も数多く存在します。それでは，あるゆる問題に対して素晴らしい性能を発揮するモデルは存在するのでしょうか。残念ながら，答えはノーであることがノーフリーランチ定理として知られています [6]。ノーフリーランチとは，無料で昼食が食べられるようなうまい話は存在しないといった意味です。機械学習でもどんな問題に対しても高性能な万能モデルは存在せず，性能が良いモデルは解こうとする問題に合わせて選択しなければならない，ということをこの定理は示しています。
>
> 　では，どのようなモデルを採用すべきか？　知識や経験があれば，ある程度分かるかもしれませんが，それでもやはり試行錯誤が必要になることもあります。チートシート（cheat sheet）と呼ばれる，モデルやアルゴリズムの選択ガイドをいろんな企業や研究者が公開しています。これらを参考にするのも一つの手です。「機械学習　チートシート」や「machine learning cheat sheet」といったキーワードで検索すれば，たくさん見つかります。

exp の括弧の中は線形回帰モデルと同様で，ここでは 2 つの特徴量 x_1 と x_2 から $y(0$ から $1)$ を予測するためのモデルを示しています。回帰の場合と同様に，トレーニングデータセットから w_0, w_1, w_2 を学習します。

線形判別分析（Linear Discriminant Analysis）

3 つ以上のカテゴリーがある場合に，出力の表現を先述の one-hot vector で表現することで，回帰とほぼ同じような線形回帰モデルで分類問題を解く手法を紹介します。

- 目的：筋電位からじゃんけんの手（グー，チョキ，パー）を出すか分類／予測する
- 特徴量（入力変数）：前腕の 4 本の筋肉の筋電位信号（筋肉の活動度）から作った 8 個の特徴量
- 評価尺度：分類精度
- モデル：$y = w_0 + w_1 x_1 + w_2 x_2 + \cdots + w_8 x_8$
- 評価関数・学習アルゴリズム
  - 回帰の場合と同様に，二乗和誤差関数 $E(\boldsymbol{w})$ を最小化して，パラメータベクトル $\boldsymbol{w}$ を決定する
  - 学習データ集合 $\{\boldsymbol{x_n}, \boldsymbol{t_n}\}$ を考える
    * $\boldsymbol{t_n}$ は各データ点 $\boldsymbol{x_n}$ に対応する教師信号（目標値）$(n = 1, \cdots, N)$
    * グーならば $\boldsymbol{t_n} = (1,0,0)^T$，チョキならば $\boldsymbol{t_n} = (0,1,0)^T$，パーならば $\boldsymbol{t_n} = (0,0,1)^T$
      $E(\boldsymbol{w}) = \sum_{n=1}^{N} \{\boldsymbol{y}(\boldsymbol{x_n}, \boldsymbol{w}) - \boldsymbol{t_n}\}^2$
      を最小化する $w_i (i = 1, \cdots, 8)$ を求める

表 5.1 にじゃんけんの手（ラベル）と特徴量[*1]を掲載しています。このデータに対し，上述の線形判別分析を行い 10-fold cross validation を行った結果，97%（29/30）の分類精度が得られました。

[*1] センサーで計測した筋電位信号に前処理を行い，いずれも筋肉が発揮した力と相関が高い特徴量を算出しています

表 **5.1**　じゃんけんの手（ラベル）と特徴量

ラベル	筋肉 1 積分値	筋肉 2 積分値	筋肉 3 積分値	筋肉 4 積分値	筋肉 1 最大値	筋肉 2 最大値	筋肉 3 最大値	筋肉 4 最大値
グー	-0.17	1.42	0.51	-0.14	0.36	1.86	0.57	0.87
グー	-0.02	1.25	1.76	0.78	1.13	1.95	2.71	2.66
グー	-0.62	0.03	0.86	0.55	-0.18	0.72	1.20	0.99
グー	-0.33	0.48	1.49	-0.12	-0.19	0.93	1.06	0.63
グー	-0.92	0.06	0.81	-0.04	-0.75	0.64	1.24	0.78
グー	1.20	3.22	1.47	2.00	0.34	1.69	0.30	-0.07
グー	-0.47	0.58	0.57	-0.78	-0.40	0.85	0.33	-0.49
グー	0.02	1.64	1.46	1.60	1.37	1.91	2.26	1.96
グー	-0.43	0.43	-0.64	-1.08	0.09	1.25	-0.26	-0.45
グー	-0.18	0.52	1.35	0.76	0.39	1.16	1.87	2.56
パー	1.13	-0.49	-0.97	-0.75	0.85	-0.70	-0.74	-0.72
パー	0.61	0.39	-0.44	-0.80	1.11	0.07	-0.11	-0.50
パー	0.77	0.35	2.15	0.48	1.57	-0.28	0.53	0.29
パー	0.49	-0.69	-0.13	2.42	0.23	-0.63	-0.54	-0.30
パー	2.79	1.15	-0.23	0.09	1.24	-0.38	-0.40	-0.48
パー	0.90	-0.35	-0.12	-0.56	0.98	-0.61	-0.40	-0.64
パー	0.92	-0.23	-0.90	-0.84	-0.16	-0.68	-0.87	-1.10
パー	1.92	-0.39	-0.69	0.29	1.13	-0.38	-0.54	-0.52
パー	0.94	-0.81	-0.65	-0.47	1.30	-0.60	-0.68	-0.74
チョキ	-0.44	-0.98	-0.56	-1.25	0.95	-0.70	-0.52	-0.86
チョキ	-0.59	-0.36	0.52	1.31	-0.74	-0.64	-0.39	0.67
チョキ	-1.05	-1.09	-0.55	-0.69	-1.43	-0.90	-0.64	-0.34
チョキ	0.12	-0.73	-0.37	1.60	-1.18	-0.99	-0.61	-0.29
チョキ	0.09	-0.46	-0.93	0.10	-0.60	-0.57	-0.60	0.34
チョキ	-1.23	-0.11	-0.55	-0.49	-0.83	-0.85	-0.61	-0.50
チョキ	-0.84	-0.66	-1.04	-0.41	-1.08	-0.52	-0.84	-0.52
チョキ	-1.21	-0.82	-0.97	-1.43	-1.25	-0.71	-0.87	-0.94
チョキ	-0.92	-1.33	-1.09	-0.31	-1.54	-1.07	-0.81	-0.60
チョキ	-1.31	-1.12	-0.99	-0.95	-1.31	-0.83	-0.85	-0.88
チョキ	-1.18	-0.94	-1.10	-0.86	-1.39	-1.00	-0.80	-0.80

5.2.7　重要単語まとめ

- 教師あり学習（Supervised learning）
- 回帰（Regression）
- 分類または判別（Classification）
- データセット（Dataset）
  - トレーニングデータ（セット）（Training data）
  - テストデータ（セット）（Test data）

- 特徴量（Feature value(s)）（説明変数，入力）
- 教師データ（Teacher data）（目的変数，出力）
- モデル（Model）
- 訓練誤差（Training error）
- テスト誤差（Test error）
- 過学習（Over-fitting）
- 交差検証（Cross-validation）

問 5.1

過学習とはどんな現象か，以下の 4 つの要素の関係を説明しながら述べてください。

    1) トレーニングデータ（サンプル）の数　　2) モデルの複雑さ
    3) トレーニング誤差　　4) テスト誤差

問 5.2

表 5.2 に，文部科学省が提供する食品成分データベース [64] から抜粋した，洋菓子の可食部 100g あたりのエネルギーと栄養成分を示しています。以下の条件で学習を行い，トレーニング誤差とテスト誤差を算出してください。

- 目的：エネルギーを 7 つの特徴量（水分，たんぱく質，脂質，炭水化物，灰分，食塩相当量）から推定する
- モデル：線形回帰モデルを用いる
- データセットの分割
  - トレーニングデータセット：あんパン〜カバーリングチョコレートまでの 40 点
  - テストデータセット：ホワイトチョコレート〜アーモンドチョコレートの 10 点

表 5.2　洋菓子のエネルギーと成分（可食部 100g あたり）

食品	エネルギー kcal	水分 g	たんぱく質 g	脂質 g	炭水化物 g	灰分 g	食塩相当量 g
あんパン	280	35.5	7.9	5.3	50.2	1.1	0.7
クリームパン	305	36	10.3	10.9	41.4	1.4	0.9
ジャムパン	297	32	6.6	5.8	54.5	1.1	0.8
チョココロネ	337	33.5	7.1	15.3	42.8	1.4	0.9
シュークリーム	228	56.3	6	11.3	25.6	0.9	0.2
スポンジケーキ	298	32	8.1	5.6	53.8	0.5	0.2
ショートケーキ/果実なし	327	35	7.1	13.8	43.6	0.5	0.2
デニッシュペストリー	417	25.5	7	24.7	41.7	1.1	0.9
ドーナッツ/イーストドーナッツ	386	27.5	7.2	20.2	43.9	1.2	0.8
ドーナッツ/ケーキドーナッツ	375	20	7.2	11.7	60.2	0.9	0.4
パイ/パイ皮	435	32	7.7	33.7	25.2	1.4	1.3
パイ/アップルパイ	304	45	4	17.5	32.7	0.8	0.7
パイ/ミートパイ	397	36.2	9.9	29.9	22	2	1.6
バターケーキ	443	20	5.8	25.4	47.9	0.9	0.6
ホットケーキ	261	40	7.7	5.4	45.2	1.6	0.7
ワッフル/カスタードクリーム入り	252	45.9	7.3	7.9	38.1	0.9	0.2
ワッフル/ジャム入り	287	33	4.8	4.2	57.3	0.6	0.1
カスタードプリン	126	74.1	5.5	5	14.7	0.7	0.2
ゼリー/オレンジ	89	77.6	2.1	0.1	19.8	0.4	0
ゼリー/コーヒー	48	87.8	1.6	0	10.4	0.1	0
ゼリー/ミルク	109	76.8	4.3	3.7	14.4	0.7	0.1
ババロア	218	60.9	5.6	12.8	20	0.7	0.1
ウエハース	454	2.1	7.6	13.6	75.3	1.4	1.2
クラッカー/オイルスプレークラッカー	492	2.7	8.5	22.5	63.9	2.4	1.5
クラッカー/ソーダクラッカー	427	3.1	10.4	9.8	74.4	2.3	1.9
サブレ	465	3.7	6.1	16.5	73	0.7	0.2
リーフパイ	566	2.5	5.8	35.6	55.8	0.4	0.1
ビスケット/ハードビスケット	432	2.6	7.6	10	77.8	2	0.8
ビスケット/ソフトビスケット	522	3.2	5.7	27.6	62.6	0.9	0.6
プレッツェル	480	1	9.9	18.6	68.2	2.3	1.9
ロシアケーキ	498	4	5.7	23.6	65.7	1	0.5
小麦粉あられ	481	2	7.6	19.5	68.8	2.2	1.8
コーンスナック	526	0.9	5.2	27.1	65.3	1.5	1.2
ポテトチップス/ポテトチップス	554	2	4.7	35.2	54.7	3.4	1
ポテトチップス/成形ポテトチップス	540	2.2	5.8	32	57.3	2.7	0.9
キャラメル	433	5.4	4	11.7	77.9	1	0.3
ラムネ	373	7	0	0.5	92.2	0.3	0.2
ゼリービーンズ	362	9.5	0.1	0	90.3	0.1	0
ブリットル	521	1.5	13.3	26.5	57.3	1.4	0.2
カバーリングチョコレート	511	2	7	25.4	63.4	1.6	0.4
ホワイトチョコレート	588	0.8	7.2	39.5	50.9	1.6	0.2
ミルクチョコレート	558	0.5	6.9	34.1	55.8	1.8	0.2
マロングラッセ	317	21	1.1	0.3	77.4	0.2	0.1
クリームパン/薄皮タイプ	227	52.1	6.6	8	32.3	1	0.4
チョコパン/薄皮タイプ	348	35	5.5	18.7	39.5	1.3	0.6
メロンパン	366	20.9	8	10.5	59.9	0.8	0.5
タルト（洋菓子）	262	50.3	4.2	13.2	31.4	0.8	0.2
チーズケーキ/ベイクドチーズケーキ	318	46.1	8.5	21.2	23.3	0.9	0.5
チーズケーキ/レアチーズケーキ	364	43.1	5.8	28	22.1	1	0.5
アーモンドチョコレート	583	2	11.4	40.4	43.3	2.2	0.1

（日本食品標準成分表 2015 年版（七訂）より）

> **コラム** 食品のエネルギー
>
> 　日本食品標準成分表 2015 年版（七訂）では，食品のエネルギー値は，可食部
> 100 g 当たりのたんぱく質，脂質，炭水化物の量に各成分のエネルギー換算係数
> （材料の食品ごとに異なる）を掛けて計算しているとのことです [64]。
> 　問 5.2 は，たんぱく質，脂質，炭水化物以外の成分も使うことにしています
> が，実際の方法とよく似たモデルでカロリーの推定を行うことになります。ま
> た，筆者が試したところでは，可食部 100g あたりの水分量とカロリーには高
> い負の相関があり，このデータに関しては，水分も特徴量に加えたほうがカロ
> リーの推定精度が高くなりました。

5.3　教師なし学習

　教師あり学習では，入力データ（特徴量）に対応する正解や目標値が与えら
れていました。一方，教師なし学習では，5.1.1 で説明したようにデータに対
応する正解が与えられません。何らかの基準に従ってデータから隠れた構造や
パターンを見つけ出すことが主な目的です。具体的な手法として，**クラスタ
リング**，**高次元データの次元削減**や**可視化**などが挙げられます。これらは，**教
師なし学習の前処理**や**異常検知**にもよく活用されます。

5.3.1　クラスタリング

　クラスタリング（Clustering）とは，データを特定の特徴に基づいてグルー
プ分けを行うことです。分けられた各グループを**クラスタ**と呼びます。ここで
はクラスタリングの代表的なアルゴリズムの一つである，**k-平均法（k-means
clustering）**を紹介します。

k-平均法

　k-平均法は，入力データ $x_i(i = 1, \cdots, N)$ にクラスタラベル $y_j(j = 1, \cdots, K)$ を割り当てる問題です。N はデータ数，K はクラスタの数です。k-平均法では，クラスタの数 K は自分で決めておく必要があります。

1. クラスタ中心 $c_j(j = 1, \cdots, K)$ を適当に決める
2. データ点 $x_i(i = 1, \cdots, N)$ に割り当てられたクラスタラベル $y_j(j = 1, \cdots, K)$ を距離指標 $D(x_i, c_j)$ に基づいて割り当てる

$$y_i = \operatorname*{argmin}_{j} D(x_i, c_j)$$

3. クラスタ中心を更新する

$$c_j = \frac{1}{n_j} \sum_i x_i$$

4. クラスタラベルが収束する（割り当てに変化がなくなる）まで 2. と 3. を繰り返す

クラスタ中心の初期値によって結果が変わる可能性がある（初期値依存がある）ので，複数の初期値から複数回の学習計算を行って，距離指標 $D(x_i, c_j)$ が最小になる結果を採用するのが良いでしょう。

実データへの適用

k-平均法を使って以下のデータのクラスタリングをしてみます。

表 5.3　MLB 日本人投手の球種割合

Player (Year)	4-Seam%	Slider%	Change%	Curve%	Sinker%	Cutter%	Splitter%
S. Yamaguchi (2020)	39.7	16.1	0	3.9	0	0	40.1
Y. Kikuchi (2020)	37.5	14.9	5.9	0	0	41.5	0
Y. Hirano (2020)	46.7	0.6	0	0	0	0	52.5
K. Maeda (2020)	18.7	38.5	29.6	3.1	6.6	3.2	0
M. Tanaka (2020)	25.7	37.9	0	6.3	4.4	0	25.5
Y. Darvish (2020)	13.4	15.8	0	11.5	9.9	44.9	4.1
Y. Kikuchi (2019)	48.9	27.9	7.6	15.4	0	0	0
Y. Hirano (2019)	47.9	0.3	0	0	0	0	51.7
K. Maeda (2019)	33.7	31.4	23.7	7.3	3.6	0	0
M. Tanaka (2019)	27.3	36.3	0	3.2	4.6	1.6	26.7
Y. Darvish (2019)	26.6	13.7	0.4	6.9	11.7	36.6	3.7
S. Ohtani (2018)	46.4	24.5	0	6.5	0	0	22.4
Y. Hirano (2018)	53.6	0.9	0	0	0	0	45.4
K. Maeda (2018)	41.8	29.8	14.7	11.1	2.2	0	0
M. Tanaka (2018)	22.5	33.2	0	3.9	5.3	4	30.8
Y. Darvish (2018)	37.3	24	3.7	2.5	18.6	13.5	0
J. Tazawa (2018)	69.3	5.2	0	25.4	0	0	0
K. Makita (2018)	63.7	17.1	2.6	4.9	11.4	0	0
K. Maeda (2017)	34.4	23.9	10.1	14.1	8.6	8.6	0
M. Tanaka (2017)	13.9	31.7	0	5.9	18.2	5.2	24.8
Y. Darvish (2017)	35.6	25.1	2.5	5.7	16.6	14.2	0
J. Tazawa (2017)	76.3	0.1	0	23.4	0	0	0
H. Iwakuma (2017)	21.5	0	0	6.6	18.4	33.9	19.5
K. Uehara (2017)	63	2.5	0	0	2	0	32.2
K. Maeda (2016)	29.4	29.4	9.6	17.9	13.4	0	0
M. Tanaka (2016)	6.4	27.6	0	5.5	21.5	8.9	29.8
Y. Darvish (2016)	38.9	20.4	0	8.1	20.5	9.5	2.3
J. Tazawa (2016)	66	15.3	0	18.1	0.4	0	0
H. Iwakuma (2016)	18.7	18.4	0	9	26.1	8.4	19.2
K. Uehara (2016)	41.9	4.4	0.2	0	7.9	0	45.3

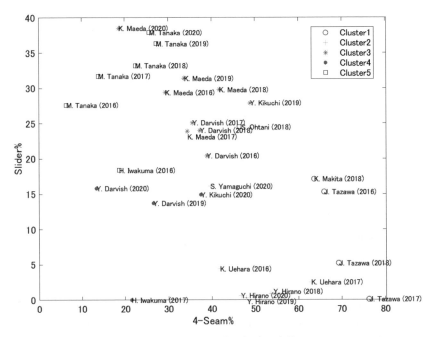

図 5.14 k-平均法による MLB 日本人投手の球種のクラスタリング

表 5.3 は，Baseball Savant [3] よりピックアップした，MLB (Major League Baseball) で活躍する日本人投手が 2016〜2020 年（2020 年はシーズン途中の 9 月 18 日時点）の各シーズンに投じた球種の割合（単位はいずれも %）です。

- 4-Seam (4-Seam fastball): 直球／速球
- Slider: スライダー
- Change: チェンジアップ
- Curve: カーブ
- Sinker: シンカー
- Cutter: カットボール
- Splitter: スプリット，フォークボール

$K = 5$ で学習した時の結果が図 5.14 です。10 個の異なる初期値からクラスタリングを行い，クラスタ内のデータのばらつきが最小となったときの結果を示しています。

　教師なし学習では正解がないので，クラスタリングされた結果をどう使うか，どう解釈するかは使用者に委ねられます。やや主観的で正確でない部分もあるかもしれませんが，例えば，以下のようなタイプごとにクラスタリングされたと解釈ができそうです。

- cluster 1: ストレート（4-Seam）を多投するタイプ
- cluster 2: ストレートとスプリット（Splitter）で勝負するタイプ
- cluster 3: スプリットはほぼ使わず，ストレートとスライダー（Slider）を中心にカーブ（Curve）やチェンジアップ（Change）を混ぜるタイプ
- cluster 4: ストレートやスライダーに加え，カットボール（Cutter）が多いタイプ
- cluster 5: ストレート，スライダー，スプリットを中心に組み立てるタイプ

シーズンが違っても，同じ投手ならば同じクラスタに分けられていることが多くなっています。しかし，当然ながらシーズンごとの調子や役割（先発，中継ぎ，抑え）の違い，フォームやフィジカルコンディションの変化，新しい球種の習得などによって，使用する球種の割合は変化します。例えば，MLB2 年目を迎えるオフシーズンにフォーム改造を行い，球速や回転数が増して投球の組み立てが変わったと言われる Y. Kikuchi は，2019 と 2020 で異なるクラスタに分けられています。

　本節冒頭で，教師なし学習では「何らかの基準に従ってデータから隠れた構造やパターンを見つけ出す」という説明をしました。図 5.14 では，クラスタ内のデータの分散を表現するのに，最も基本的な距離指標（基準）である**ユークリッド距離**を用いていました。ユークリッド距離とは特徴空間内での 2 点間の直線距離，いわゆる「通常の距離」です。ほかの距離を基準にクラスタリングを行うこともできます。ベクトルの**類似度**を意味する**コサイン距離**（5.4.2 参照）を基準に，クラスタリングを行った際の結果を図 5.15 に示します。

　ユークリッド距離を用いた場合と少し結果が違っているのが分かると思います。球種の割合から投球の傾向が近い投手を調べるためには，もしかするとコサイン距離のほうが適しているかもしれません。このように，使用する基準／指標も目的やデータによって適切に選択する必要があります。

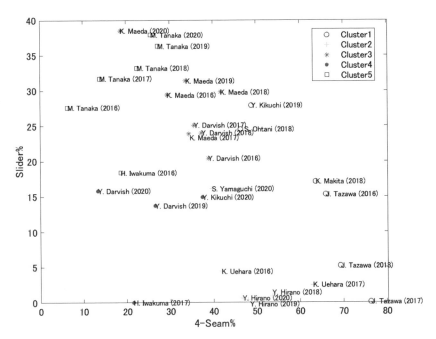

図 5.15 k-平均法による MLB 日本人投手の球種のクラスタリング（コサイン距離に基づく）

5.3.2 主成分分析 (PCA)

主成分分析 (PCA: Principal Component Analysis) は最も基本的な次元削減の手法です。高次元のデータの次元削減を行うことで，可視化やデータ（特徴量）間の重要性のチェックなどが効率的に可能になります。

主成分分析に類する次元削減の手法は，独立成分分析（ICA: Independent Component Analysis），正準相関分析（CCA: Canonical Correlation Analysis），非負値行列因子分解（NMF: Nonnegative Matrix Factorization）など多数存在し，例えば，生物の身体制御のパターンの抽出 [2]，画像特徴量の抽出など [18] 様々な分野に応用されています。

主成分分析概要

2 章の図 2.7 と同じように，ある年度にあるプロ野球球団に所属する選手の身長と体重で考えてみます。これは「身長」と「体重」という 2 つの変数を持った 2 次元データです。このデータをできる限り情報の損失を少なくして，

1 変数で表すためにはどうすればいいでしょうか？ 図 5.16 に示すように，分散，つまりばらつきが一番大きな方向に新しい軸を設ける，というのが一つの方法ではないでしょうか。各点を新しく設けた軸上に射影すれば，1 つの変数でもとのデータを表すことができます（図 5.17）。この操作に解釈を与えるとすれば，身長と体重を合成して「体の大きさ」を意味する変数を新しく作った，ということになります。この新しい変数を第 1 主成分といいます。主成分分析で次元を削減すれば，もちろん情報の損失は起こります。例えば，もとのデータで体重が最も重い 2 人の選手の (身長, 体重) はそれぞれ (193cm, 122kg) と (196cm, 108kg) ですが（図 5.16），新しい変数（第 1 主成分）軸上に射影すればほぼ同じ値になってしまいます（図 5.17）。

　N 次元の変数を主成分分析すれば，最大 N 個までの主成分を取り出すことができます。第 2 主成分軸は第 1 主成分軸と直交する，ばらつきが 2 番目に大きい方向に取ります。すべての主成分の軸は互いに直交，すなわち無相関となります。先ほどの身長・体重データに第 1, 第 2 主成分の軸を引いたものが図 5.18 です。2 つの主成分で表現されたデータとは，もとの身長・体重で表現されたデータをぐるっと回転させたものに相当することが分かります。

標準化

　ここまでは身長・体重をそのまま（生のデータのまま）主成分に変換する方法を説明してきましたが，身長（cm）と体重（kg）では単位も違えば，値が変動するレンジも違います。一般には，身長（cm）のほうが体重（kg）よりも値

コラム　statcast

　MLB では statcast と呼ばれるボールと選手のトラッキングシステムを用いて，投打走守について 1 球ごと 1 プレーごとの細かな情報が記録されています。ボールを投げた場所，飛んだ場所はもちろんのこと，打球の速度や投球についてはボールの回転数や変化量まで記録されています。ここから新たな打撃セオリーであるフライボール革命や，長打になりやすい打球の速度・角度を示すバレル（Barrel）という指標が生み出されるなど，近年はデータ駆動で戦術・プレースタイルに大きな変化が起こっています。また，statcast で記録されたデータは Baseball Savant [3] という公式サイトで一般向けにも公開されています。

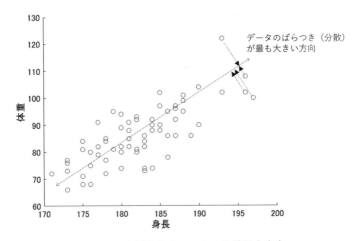

図 5.16　身長と体重データの分散最大方向

図 5.17　身長と体重データを 1 次元に削減

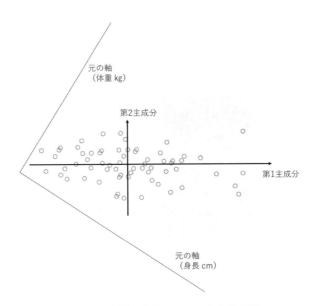

図 5.18　身長・体重データの主成分表現

が大きく，このまま後述する定量指標を計算すると，より身長（cm）に大きな
影響を受けた結果が出てきてしまいます。単位や変動するレンジの影響を取り
除くために，2.4 節でも登場した標準化を行うのが一般的です。

$$\tilde{X} = \frac{X - \mu}{\sigma}$$

$\tilde{X}$ は特徴量変数 X を標準化したもの，μ と σ はそれぞれ X の平均と標準偏
差です。

寄与率・累積寄与率

　次元削減を考えるとき，いくつの主成分を採用すればいいのか，判断の基準
となる指標が必要です。各主成分がもとのデータの変動（分散）の何 % を表
現しているのかを表すのが寄与率，第 1 主成分から順番に寄与率を足し合わせ
ていったのが累積寄与率です。図 5.19 に身長・体重データの寄与率（棒グラ
フ），累積寄与率（折れ線グラフ）を示します。プロ野球選手は一般人に比べて
体形が似通っている（極端な肥満型や痩せ型はいない）せいか，第 1 主成分だ
けでもとのデータの分散の 92% が説明できることができました。もとのデー
タが身長・体重の 2 次元なので，第 2 主成分までの累積寄与率で 100% になり
ます。累積寄与率が何 % までの主成分を採用するべきかは目的によって変わ
りますが，80～90% 程度を基準とすることが多いようです。

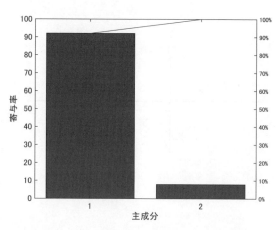

図 5.19　身長・体重データの寄与率・累積寄与率

主成分係数

　身長と体重を合成して新しい変数である主成分を作る，といった旨の説明をしました。もとの変数をどれくらいの比率で合成しているかを調べれば，主成分の解釈や，データ変動の説明に重要な変数・特徴量を知ることが可能になります。この合成比率のことを，主成分係数と呼びます。

　第 1 主成分 z_1 と第 2 主成分 z_2 は，もとの変数 x_1, x_2 と主成分係数 a_{ij} で以下のように表現できます。

$$z_1 = a_{11}x_1 + a_{12}x_2$$
$$z_2 = a_{21}x_1 + a_{22}x_2$$

ここでは，x_1, x_2 はもとの変数である身長，体重に対応します。主成分係数 (a_{11}, a_{12}), (a_{21}, a_{22}) は，（標準化後の）身長-体重空間でのデータの分散最大方向，つまり z_1 と z_2 の方向を意味します。

　表 5.4 に身長・体重データの主成分係数を示します。この例ではもとの変数が 2 つだけなので，身長 x_1・体重 x_2 に対応する係数の絶対値が同じになっていますが，注目するのは係数の絶対値の大きさと符号の向きです。絶対値の大きさが重要度を，符号の向きが主成分に対しての作用方向を意味します。第 1 主成分の係数はどちらも正で絶対値が同じなので，身長・体重は第 1 主成分に対して同等の重要度を持ち，大きくなるほど第 1 主成分の値が大きくなります。第 2 主成分の寄与率が 8% 程度なので，データの説明力としての意味は薄いのですが，身長が大きく体重が小さいほど，第 2 主成分の値は大きくなることが分かります。

表 5.4　身長・体重データの主成分係数

	第 1 主成分	第 2 主成分
身長	0.707	0.707
体重	0.707	-0.707

多次元データへの適用

　表 5.3 と同じく Baseball Savant [3] から抜粋した，MLB の日本人投手の被打球結果と 4-Seam の球速・回転数のデータを表 5.5 に掲載します。このデータに対して，主成分分析を行ってみます。各項目の意味は以下の通りです。

- K%: 奪三振率（%）
- BB%: 与四球率（%）
- GB%: ゴロ性の打球の割合（%）
- FB%: フライ性の打球の割合（%）
- LD%: ライナー性の打球の割合（%）
- Popup%: ポップフライ性の打球の割合（%）カットボール
- 4-Seam Avg MPH: 直球の球速 (MPH)

表 5.5　MLB 日本人投手の被打球結果と 4-Seam の球速・回転数

Player (Year)	K%	BB%	GB%	FB%	LD%	Popup%	4-Seam Avg MPH	4-Seam Avg Spin
S. Yamaguchi (2020)	23.7	13.4	39	32.2	23.7	5.1	90.7	2133
Y. Kikuchi (2020)	26.2	7.4	51.5	17.2	29.3	2	95.1	2185
Y. Hirano (2020)	20	10	51.9	25.9	18.5	3.7	90	2121
K. Maeda (2020)	30.6	4.9	49.6	11.3	26.3	12.8	91.7	2281
M. Tanaka (2020)	23.1	3.4	38.7	17	31.1	13.2	92.3	2240
Y. Darvish (2020)	32.4	4.9	44.7	17.3	30	8	95.8	2579
Y. Kikuchi (2019)	16.1	6.9	44.8	21.9	25.1	8.2	92.5	2096
Y. Hirano (2019)	26.2	9.4	46.3	21.1	25.2	7.5	91.1	2199
K. Maeda (2019)	27.1	8.2	41	24.5	25	9.5	92.1	2287
M. Tanaka (2019)	19.6	5.3	48.2	21.3	22.9	7.6	91.5	2143
Y. Darvish (2019)	31.3	7.7	46	23.9	23.9	6.2	94.1	2528
S. Ohtani (2018)	29.9	10.4	40	24	25.6	10.4	96.7	2164
Y. Hirano (2018)	22.5	8.8	51.1	28.1	16.9	3.9	91.4	2214
K. Maeda (2018)	28.8	8.1	42	21.8	28.7	7.6	91.9	2296
M. Tanaka (2018)	25	5.5	49.3	23.3	22.1	5.3	91.8	2182
Y. Darvish (2018)	27.2	11.7	41.5	27.4	21.7	9.4	94.1	2543
J. Tazawa (2018)	20.9	11.9	27.8	32.2	31.1	8.9	91.5	2253
K. Makita (2018)	24.8	8.1	23.5	21.4	41.8	13.3	80.6	2021
K. Maeda (2017)	25.1	6.1	40.2	22.5	28.3	9	92	2323
M. Tanaka (2017)	25.8	5.5	50.1	21.2	23.4	5.3	92.3	2229
Y. Darvish (2017)	27.3	7.6	42.6	23.9	25.6	7.9	94.3	2505
J. Tazawa (2017)	16	9.2	38.1	25	29.5	7.4	92.8	2268
H. Iwakuma (2017)	12.5	9.4	40.8	32.7	20.4	6.1	85.6	2155
K. Uehara (2017)	28.1	6.7	25.9	29.3	31	13.8	87	2367
K. Maeda (2016)	25	7	44.9	20	27.1	7.9	90.8	2348
M. Tanaka (2016)	20.5	4.5	48.8	19	25.6	6.7	92.6	2243
Y. Darvish (2016)	31.7	7.5	40.4	25.2	28	6.4	94.4	2521
J. Tazawa (2016)	26	6.7	40.3	27.3	23.7	8.6	93.4	2205
H. Iwakuma (2016)	17.6	5.5	42.2	22.6	26	9.2	88.9	2240
K. Uehara (2016)	34.2	6	26.9	35.2	21.3	16.7	87.3	2409

※ MPH (miles per hour) は時速マイル，rpm (round per minutes) は 1 分間の回転数です。

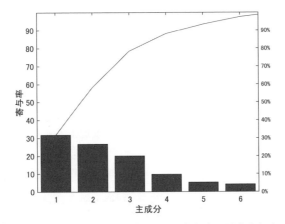

図 5.20 MLB 日本人投手データの寄与率・累積寄与率

- 4-Seam Avg Spin: 直球の回転数 (rpm)

図 5.20 は寄与率・累積寄与率です。もとのデータは 8 次元ですが、4 つの主成分を使えばもとデータの 88% が説明可能であることが分かります。

図 5.21 が第 1・第 2 主成分を軸に取った散布図です。主成分分析はクラスタリング手法ではありませんが、このように散布図のプロットを行うことで、データの特徴やクラスタの構成具合を見ることもできます。第 2 主成分までの累積寄与率は 58%、第 3 主成分も 20% と比較的大きな寄与率を持っているので、第 3 主成分までを使った 3 次元プロットをすれば、よりクラスタが見えやすくなるかもしれません。

図 5.21 の第 1 主成分軸では K. Makita, K. Uehara が他の投手から大きく離れたところにプロットされており、特徴的な投手であることがうかがえます。表 5.6 を見れば、主成分軸の解釈ができます。第 1 主成分の係数で大きな絶対値を持つのは、GB%, Popup%, 4-Seam Avg MPH です。符号を見ると、GB% と 4-Seam Avg MPH は正、Popup% は負になっています。したがって第 1 主成分の値が小さい K. Makita と K. Uehara は、ゴロ性の当たり（GB%）が少なく、球速が遅く（4-Seam Avg MPH）、ポップフライ（Popup%）

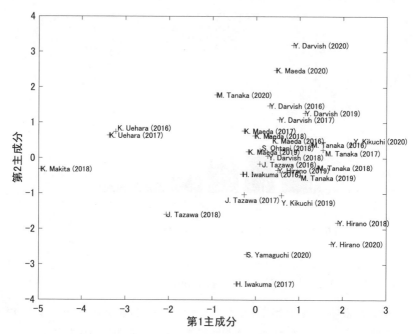

図 5.21　MLB 日本人投手データの主成分プロット

表 5.6　MLB 日本人投手データの主成分係数

	第 1 主成分	第 2 主成分	第 3 主成分	第 4 主成分
K%	-0.0618	0.498	0.375	0.0308
BB%	-0.0534	-0.428	0.421	0.553
GB%	0.602	0.014	-0.152	-0.111
FB%	-0.231	-0.419	0.498	-0.227
LD%	-0.375	0.255	-0.299	0.653
Popup%	-0.493	0.272	-0.0148	-0.326
4-Seam Avg MPH	0.438	0.265	0.260	0.304
4-Seam Avg Spin	0.0377	0.428	0.505	-0.0725

性の当たりが多い投手であることが読み取れます。[*2] 第 2 主成分が大きな Y. Darvish (2020), K. Maeda (2020), M. Tanaka (2020) は，奪三振率（K%）が高く，与四球（BB%）が少なく，フライ性の当たり（FB%）が少なく，直球の回転数（4-Seam Avg Spin）が高いタイプの投手だと考えられます。

主成分分析による教師あり学習の前処理の例

5.2.5 で用いたアイスクリームのデータは特徴量変数が 25 個あり，そのまますべてを使用すると過学習や多重共線性により，予測性能の低下が起こっていました。この 25 個の特徴量変数を主成分分析で次元削減し，新たな特徴量を作ればどうなるでしょうか。図 5.22 が，このデータを主成分分析した際の寄与率・累積寄与率です。たった 3 つの主成分でもとデータの 96% が説明できました。主成分分析を用いた前処理を行うことで，パラメータ数の少ないコンパクトなモデルを構築できそうです。

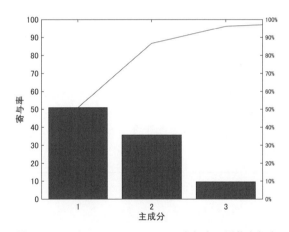

図 5.22 アイスクリームデータの寄与率・累積寄与率

[*2] どちらの投手も球速は遅めながら，K. Uehara は比較的回転数が高く回転軸の傾きの少ない直球で，K. Makita は地面すれすれでボールをリリースするアンダースローで，打者から見れば浮き上がるように見える直球が持ち味です。そのためバットがボールの下を通過することが多く，結果として GB%（ゴロ性の打球）が少なく，Popup%（ポップフライ）が多くなっていると考えられます。

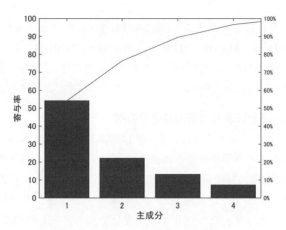

図 5.23　洋菓子データの寄与率・累積寄与率

問 5.3

表 5.2 のデータに対し，主成分分析を行いました（エネルギー〜食塩相当量の 7 変数，あんパン〜アーモンドチョコレートの 50 サンプルのすべてを使っています）。図 5.23 に寄与率・累積寄与率，図 5.24 に主成分プロット，表 5.7 に主成分係数を記載します。これらの結果について解釈を述べてください。

表 5.7　洋菓子データの主成分係数（第 2 主成分まで）

	第 1 主成分	第 2 主成分
エネルギー	0.478	0.184
水分	-0.453	-0.372
たんぱく質	0.289	-0.461
脂質	0.372	-0.217
炭水化物	0.275	0.628
灰分	0.407	-0.306
食塩相当量	0.321	-0.282

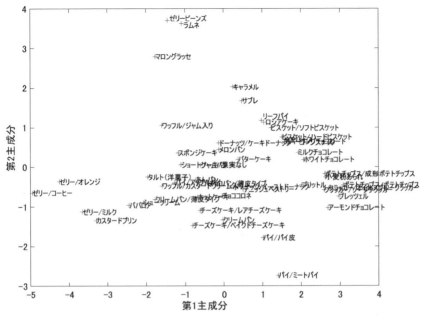

図 5.24 洋菓子データの主成分プロット

問 5.4

表 5.1 のデータに対して主成分分析を行い，線形判別分析によるグー，チョキ，パーの分類がうまくいきそうか，展望を述べてください。

コラム　**生体信号と機械学習**

　じゃんけんの予測の例題で登場した筋電位とは，脳から筋肉へ送られる「力を出せ！」という命令を反映した生体信号です。筋電位から手のジェスチャーを予測したり，ものを握る強さを予測する技術は，筋電義手などに使われています。脳活動信号で義手やロボットを操作することも可能になりつつあります。生体信号と機械の融合にも，機械学習は欠かせない技術なのです。

5.4　機械学習の基礎数学

5.4.1　ベクトルと行列

　本節で扱う多くのデータは表 5.8 や表 5.9 のような形式で得られます。事例データはサンプル方向の並びに特に意味がないもの，時系列データはサンプルが事象が起こった時間の順番に並んでいます。

表 5.8　事例データの例

インデックス	→	次元	
患者	年齢	BMI	体温
A	48	25	37.1
B	51	22	36.6
C	78	23	36.5
D	37	28	37.5
E	88	19	36.2

（↓ サンプル）

表 5.9　時系列データの例

インデックス	→	次元	
日付	気温	湿度	降水量
2020/8/1	30	55	0
2020/8/2	35	67	8
2020/8/3	31	88	20
2020/8/4	36	40	0
2020/8/5	38	60	3

（↓ サンプル）

　こうしたデータを記述するのに便利なのが，**ベクトル**と**行列**です。

ベクトル

　例えば，表 5.8 の中から年齢をベクトルで表現すると，

$$x_1 = \begin{pmatrix} 48 \\ 51 \\ 78 \\ 37 \\ 88 \end{pmatrix}$$

となります。x_1 の下付き文字の 1 は 1 つ目の特徴量という意味です。このように，縦に複数の要素（数字や記号）が並んだものを**縦ベクトル（列ベクトル）**と呼びます。

患者 A の情報をベクトル表現するなら

$$x_A = (48, 25, 37.1)$$

となります。これは要素が横に並んでいるので**横ベクトル（行ベクトル）**です。

行列

縦・横両方に要素が並んだものが行列です。表 5.8，表 5.9 のデータも，行列を使えば特徴量 X として一括表示することができます。

$$X = \begin{pmatrix} 48 & 25 & 37.1 \\ 51 & 22 & 36.6 \\ 78 & 23 & 36.5 \\ 37 & 28 & 37.5 \\ 88 & 19 & 36.2 \end{pmatrix}, \quad X = \begin{pmatrix} 30 & 55 & 0 \\ 35 & 67 & 8 \\ 31 & 88 & 20 \\ 36 & 40 & 0 \\ 38 & 60 & 3 \end{pmatrix}$$

横方向の並びを**行**，縦方向の並びを**列**と呼びます。したがって，上の行列はどちらも 5 行 3 列ということになります。

図 5.25 に行列の一般表現の例を示します。各要素 a_{ij} の $i(=1, \cdots, n)$ と $j(=1, \cdots, m)$ は，それぞれ何行目，何列目かを意味します。

スカラーと区別するために，ベクトルと行列は**太字**で表記します。また，ベ

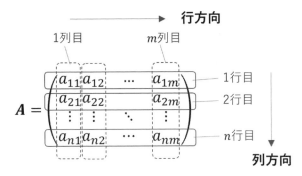

図 5.25 サイズ $[n \times m]$（n 行 m 列）の行列 A

クトルは小文字，行列は大文字を使うのが一般的です。

ベクトルと行列の掛け算

　ベクトル同士（の内積），行列同士，ベクトルと行列は掛け算ができますが，サイズに関するルールがあります（ベクトル同士の掛け算には内積と外積がありますが，ここでは内積のみを扱います）。n 行 m 列の行列のサイズを $[n \times m]$ と表記することにします。掛け合わせる 2 つの行列あるいはベクトル A と B のサイズが，それぞれ $[n_a \times m_a]$，$[n_b \times m_b]$ とすると，$m_a = n_b$ である必要があります。$m_a \neq n_b$ だと掛け算（行列積）はできません。掛け算の結果は，$[n_a \times m_b]$ の行列になります。例えば，$[5 \times 1]$（要素数 5 の縦ベクトル）と $[1 \times 3]$（要素数 3 の横ベクトル）を掛け算すれば，$[5 \times 3]$ の行列になります。$[6 \times 2]$ の行列と $[2 \times 7]$ の行列なら，$[6 \times 7]$ の行列ができます。

$$ab =$$

$$\begin{pmatrix} a_1 \\ a_2 \\ a_3 \\ a_4 \end{pmatrix} \begin{pmatrix} b_1 & b_2 & b_3 & b_4 \end{pmatrix} = \begin{pmatrix} a_1 \times b_1 & a_1 \times b_2 & a_1 \times b_3 & a_1 \times b_4 \\ a_2 \times b_1 & a_2 \times b_2 & a_2 \times b_3 & a_2 \times b_4 \\ a_3 \times b_1 & a_3 \times b_2 & a_3 \times b_3 & a_3 \times b_4 \\ a_4 \times b_1 & a_4 \times b_2 & a_4 \times b_3 & a_4 \times b_4 \end{pmatrix}$$

サイズ：　　$[④ \times ①]$　　　　$[① \times ④]$　　　　　　　　　　$[④ \times ④]$

(a)

$$ba =$$

$$\begin{pmatrix} b_1 & b_2 & b_3 & b_4 \end{pmatrix} \begin{pmatrix} a_1 \\ a_2 \\ a_3 \\ a_4 \end{pmatrix} = \begin{pmatrix} b_1 \times a_1 + b_2 \times a_2 + b_3 \times a_3 + b_4 \times a_4 \end{pmatrix}$$

サイズ：　　　　$[① \times ④]$　　　$[④ \times ①]$　　　　　　$[① \times ①]$

(b)

図 5.26　ベクトルの掛け算

　スカラー同士の掛け算では交換法則が成立しますが，ベクトル・行列では計算結果が変わります。サイズによっては掛け算自体できなくなります。また，縦ベクトル同士，横ベクトル同士の掛け算はできないことが分かります。

　具体的な計算方法を図 5.26，5.27 に示します。要素同士の掛け方が少々やっかいですが，ルールをつかんで慣れてしまえばスムーズにイメージできるよう

になります。

5.2.5 で例に挙げたアイスクリームの支出予測の回帰式を，行列とベクトルで表現してみます。図 5.28 (a) のように $\boldsymbol{y}, \boldsymbol{X}, \boldsymbol{w}$ を定義すれば，(b) のように $\boldsymbol{y} = \boldsymbol{Xw}$ と，回帰式をすっきり書くことができます。データサイエンスや機械学習関連のプログラミングを行う際にも，この考え方は必須です。

$$AB = \begin{pmatrix} a_{11} & a_{12} \\ a_{21} & a_{22} \\ a_{31} & a_{32} \\ a_{41} & a_{42} \end{pmatrix} \begin{pmatrix} b_{11} & b_{12} & b_{13} \\ b_{21} & b_{22} & b_{23} \end{pmatrix}$$

[④×②]　　[②×③]

$$= \begin{pmatrix} a_{11} \times b_{11} + a_{12} \times b_{21} & a_{11} \times b_{12} + a_{12} \times b_{22} & a_{11} \times b_{13} + a_{12} \times b_{23} \\ a_{21} \times b_{11} + a_{22} \times b_{21} & a_{21} \times b_{12} + a_{22} \times b_{22} & a_{21} \times b_{13} + a_{22} \times b_{23} \\ a_{31} \times b_{11} + a_{32} \times b_{21} & a_{31} \times b_{12} + a_{32} \times b_{22} & a_{31} \times b_{13} + a_{32} \times b_{23} \\ a_{41} \times b_{11} + a_{42} \times b_{21} & a_{41} \times b_{12} + a_{42} \times b_{22} & a_{41} \times b_{13} + a_{42} \times b_{23} \end{pmatrix}$$

[④×③]

(a)

$$Ab = \begin{pmatrix} a_{11} & a_{12} \\ a_{21} & a_{22} \\ a_{31} & a_{32} \\ a_{41} & a_{42} \end{pmatrix} \begin{pmatrix} b_{11} \\ b_{21} \end{pmatrix}$$

[④×②]　　[②×①]

$$= \begin{pmatrix} a_{11} \times b_{11} + a_{12} \times b_{21} \\ a_{21} \times b_{11} + a_{22} \times b_{21} \\ a_{31} \times b_{11} + a_{32} \times b_{21} \\ a_{41} \times b_{11} + a_{42} \times b_{21} \end{pmatrix}$$

[④×①]

(b)

図 5.27 行列の掛け算

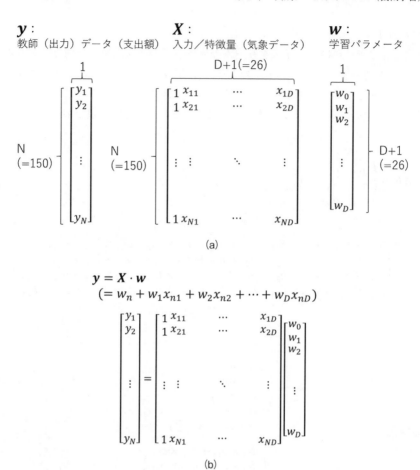

図 5.28　アイスクリームの支出予測の回帰式を行列とベクトルで表現

転置

$\boldsymbol{a}^T$ や $\boldsymbol{A}^T$ のように，ベクトルや行列の右肩に T が付られけたものを**転置行列（Transposed matrix）** といいます。行列（ベクトル）の要素 a_{ij} と a_{ji} を入れ替えるという操作を意味します。具体例を挙げましょう。

$$\boldsymbol{A}^T = \begin{pmatrix} 1 & 6 & 11 \\ 2 & 7 & 12 \\ 3 & 8 & 13 \\ 4 & 9 & 14 \\ 5 & 10 & 15 \end{pmatrix}^T = \begin{pmatrix} 1 & 2 & 3 & 4 & 5 \\ 6 & 7 & 8 & 9 & 10 \\ 11 & 12 & 13 & 14 & 15 \end{pmatrix}$$

$$\boldsymbol{a}^T = (1,3,5,7,9)^T = \begin{pmatrix} 1 \\ 3 \\ 5 \\ 7 \\ 9 \end{pmatrix}, \quad \boldsymbol{b}^T = \begin{pmatrix} 2 \\ 4 \\ 6 \end{pmatrix}^T = (2,4,6)$$

見ての通り，n 行 m 列の行列は m 行 n 列にサイズも変化します。縦ベクトルを転置すれば横ベクトルに，横ベクトルは縦ベクトルになります。

5.4.2 内積／類似度

2つのベクトル $\boldsymbol{a}$ と $\boldsymbol{b}$ の内積は

$$\boldsymbol{a} \cdot \boldsymbol{b} = |\boldsymbol{a}||\boldsymbol{b}| \cos\theta$$

と表されます。これは，図 5.29 に示すように $\boldsymbol{b}$ を $\boldsymbol{a}$ に垂直に下した時のベクトルの長さに $|\boldsymbol{a}|$ を掛けたものに相当します。言い換えれば，ベクトル $\boldsymbol{b}$ の $\boldsymbol{a}$ と同方向の成分とベクトル $\boldsymbol{a}$ の大きさの積と言えます。そして，

$$\cos\theta = \frac{\boldsymbol{a} \cdot \boldsymbol{b}}{|\boldsymbol{a}||\boldsymbol{b}|}$$

は $\boldsymbol{b}$ と $\boldsymbol{a}$ の類似度とみなすこともできます。**コサイン類似度**と呼ばれることもあります。

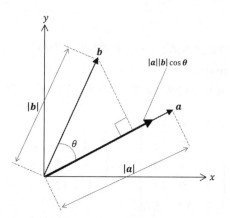

図 5.29　内積の幾何学的意味

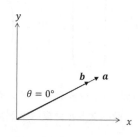

(a) $\cos\theta = 1$（類似度最大）

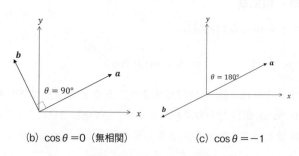

(b) $\cos\theta = 0$（無相関）　　　　　(c) $\cos\theta = -1$

図 5.30　コサイン類似度

　図 5.30 に示すように，$\boldsymbol{a}$ と $\boldsymbol{b}$ が同じ向きの時に $\cos\theta = 1$ で類似度最大，直交していれば類似度は 0（無相関），反対向きなら -1 となります。

5.4.3 総和記号 Σ を使った表現

5.2.4 や 5.2.5 で回帰式のモデルの次数を

- $M = 0$ の場合：$y = w_0$
- $M = 1$ の場合：$y = w_0 + w_1 x$
- $M = 2$ の場合：$y = w_0 + w_1 x + w_2 x^2$
  $\vdots$
- $M = 10$ の場合：$y = w_0 + w_1 x + w_2 x^2 + \cdots + w_{10} x^{10}$

や

$$y = w_0 + w_1 x_1 + w_2 x_2 + \cdots + w_D x_D$$

のような形で書いていました。こうした要素の多い足し算を簡潔に表現するための記法が，総和記号 Σ です。

$$y = w_0 + w_1 x_1 + w_2 x_2 + \cdots + w_M x_M = \sum_{j=0}^{M} w_j x_j$$

$$y = w_0 + w_1 x^1 + w_2 x^2 + \cdots + w_M x^M = \sum_{j=0}^{M} w_j x^j$$

$\sum_{j=0}^{M}$ は j について，0 から M までを順に代入して足していくという意味です。

例えば，$y = w_0 + w_1 x + w_2 x^2 + w_3 x^3 + w_4 x^4 w_5 x^5$ であれば，$y = \sum_{j=0}^{5} w_j x^j$ と簡潔に表現することができます。$y = w_0 + w_1 x_1 + w_2 x_2 + w_3 x_3 + w_4 x_4$ は $y = \sum_{j=0}^{4} w_j x_j$ となります。

5.5 二乗誤差（残差平方和）・最小二乗法

5.2.4 や 5.2.5 で出てきた二乗誤差（残差平方和）は，回帰問題における最も
スタンダードな目的関数です。

$$E(\boldsymbol{w}) = \frac{1}{2} \sum_{n=1}^{N} \{y(\boldsymbol{x}_n, \boldsymbol{w}) - y_n\}^2$$

学習の目的は教師データにできるだけフィットした曲線を見つけることなの
で，そのフィット具合の指標（目的関数）である $E(\boldsymbol{w})$ が意味するのは，教
師データ y_n と学習で得るべき回帰曲線 $y(\boldsymbol{x}_n, \boldsymbol{w})$ との総合的な近さ（あるい
は離れ具合）です。このことを図示したのが図 5.31 です。式の中括弧の中身
$y(\boldsymbol{x}_n, \boldsymbol{w}) - y_n$ は図の通り，教師データ y_n と学習しようとしている回帰曲線
$y(\boldsymbol{x}_n, \boldsymbol{w})$ の y 方向の距離を意味しています。この図では教師データの y_n が
5 点あります。つまり $N = 5$ です。5 点分の距離を足し合わせればいいので
すが，$y(\boldsymbol{x}_n, \boldsymbol{w}) - y_n$ のままだと $y(\boldsymbol{x}_n, \boldsymbol{w})$ が y_n よりも上の場合と下の場合で
符号が違ってきます。そのため中括弧の 2 乗を取って，符号の影響をなくした
距離を算出しています。

$E(\boldsymbol{w})$ が最小になるような $\boldsymbol{w}$ を求めるのが最小二乗法です。

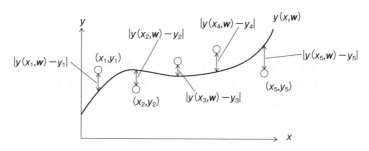

図 5.31 二乗誤差

6

社会における数理・データサイエンス・AI (1)
——機械学習の現在・過去・未来

6.1 機械学習はどのような技術で，どのような応用があるか

　近年，多種多様なセンサーから得られる膨大な情報が，**人工知能**技術によっ
て利活用されています。ここでは現在の人工知能ブームを支えている**機械学
習**技術に注目し，機械学習技術とはどのような技術であるのか歴史を振り返り
ながら，機械学習でどのようなことができるのかを紹介します。

6.1.1 人工知能の歴史と概要

　近年**ビッグデータ**という言葉がアメリカで生まれて以降，IoT，AI と流行の
言葉が移り変わってきていますが，実際には状況が大きく変わっているわけで
はありません。

　人工知能技術の歴史を紐解くと，1950 年代に数値計算のみではなく人間の
知識獲得の模倣として，コンピュータに記号処理を行わせることから始まり，
1980 年代には**ニューラルネットワーク**や，if, then ルールを網羅的に記載し
推論を行う**エキスパートシステム**が流行しました。また，1990 年代には計算
機能力の飛躍的な向上により**データマイニング**が流行し，IBM 社が開発した
チェス専用のスーパーコンピュータである DeepBlue がチェスチャンピオン
に勝利したことから，人工知能技術に注目が集まりました。2000 年代におい
ては，ニューラルネットワークの流行が落ち着き，原点に戻る形で数理統計学
に基づく機械学習が流行し，2010 年代にはビッグデータが流行し，IBM 社の
Watson のクイズ番組での優勝，Google 社の**深層学習**による猫の認識，囲碁
における AlphaGo の人間のプロ棋士への勝利などから，再度人工知能技術へ

の注目が集まりました。現在では自動運転や会話ロボットなど，様々な応用先で人工知能技術が用いられる状態となっています。

　一口に人工知能と言っても，ロボットやゲームがすべてではありません。人工知能技術がこのまま発展した場合，次々と人間に取って代わっていき，寒々としたような社会になるというわけではなく，人間の能力を補強し引き出すようなことも人工知能技術への期待の一つです。例えば，足の不自由な人に対し，自動的に動き，負担を軽減するような義足など，人間の能力を補強し引き出すための補助具とするようなコンピュータを **IA (intelligence anplifier: 知能増幅機械)** と呼び，このようなことを実現することにも深層学習などの機械学習の技術が活用されています。

6.1.2　人工知能技術を支える機械学習とその代表的な学習スキーム

　前述の通り，現在の人工知能ブームは機械学習技術の発展に支えられています。ここでは，人工知能技術を支える機械学習について概要を述べます。

　機械学習とは何かということを一言で言えば，数理統計・最適化に基づいた汎用的なデータ解析技術のことを指し，物理モデルだけでは解析できない対象や問題を扱うことを主としており，真理の追究をするのではなく，データを用いて特定の目的を達成することに重きを置いています。例えば，画像からある物体を認識する際，あくまでもその物体が認識できれば，人間の認識の仕方をモデル化する必要は無く，このような機械学習技術は**サービス科学**（サービスのための方法論の科学）の土台技術として有望視されています。

　機械学習の代表的な学習のスキームとしては，主に以下のものが存在します。

- 教師あり学習
- 教師なし学習
- 半教師あり学習
- アンサンブル学習
- 強化学習

教師あり学習では，入力データと理想とする出力（教師信号，正解ラベル）の組み合わせを与えることで，ある入力に対してはどのような出力を行うべきなのか，先生に教わるような形で学習を行います。**教師なし学習**では，教師あり学習と違い，入力データに対する理想出力は与えられず，入力データ間の類似性

などから，**クラスタリング**や**次元削減**などを行います。**半教師あり学習**は，少数の正解ラベル付きデータと膨大な量の正解ラベルの無いデータを用いて，少数データの教師あり学習だけでは出せなかった精度を出すための，教師あり学習と教師なし学習の中間に位置する学習スキームです。通常，膨大な量のデータが取得可能な問題であっても，それらのデータすべてに正解ラベルを付与することは難しいですが，半教師あり学習の手法を用いることで，正解ラベルを付与していないデータも活用することができます。**アンサンブル学習**では，単一の学習器で解を出すのではなく，複数の学習器を用いて，多数決や重み付きの統合を行うことで解を出す手法です。また，**強化学習**は，ある環境において学習器が取った行動に対して報酬が決められ，その報酬を最大にするような，行動の方策を学習するものです。例えば，ロボットが手足を動かした際，転倒した場合にはペナルティを，歩くことができた場合には報酬を与え，ある期間内の報酬の和が最大になるような方策を強化学習で学習することで，自分自身で様々な動き方を試す中で，適切な歩き方を学習することができます。

6.1.3　深層学習の歴史と概要

　近年，機械学習の手法の中でも，深層学習が多種多様なタスクにおいて活用されています。ここでは深層学習の歴史とその概要について述べます。

　1958 年に Rosenblatt が**パーセプトロン**と呼ばれる 2 値分類の学習器を提案しました。パーセプトロンにおいては，線形分離可能なデータであれば学習が可能であることが知られていますが，線形分離不可能な場合には収束しないことから，Minsky により限界が指摘され，第 1 次ニューロブームが終焉しました。その後，1986 年に Rumelhart らによって現在でも用いられている**逆誤差伝搬法**が発表されましたが，当時は学習データの不足，計算資源の制約から，実用上の限界がありました。2007 年には Hinton らが数百層の深層学習を用いた音声認識・画像認識のコンテストで 1 位を獲得するに至り，2018 年には，深層学習の研究者である Bengio，Hinton，LeCun の 3 名がチューリング賞を受賞するなど，現在，深層学習は非常に注目を浴びている技術となっています。

　深層学習は，教師あり学習の手法であるため，前節で述べた通り，入力データと理想となる出力を与えることで，入力データと理想出力の関係を学習し，未知のデータが入ってきた場合でも出力を得ることができるようになります。学習の際には，素子間の結線の重みを逆誤差伝搬法を用いて学習していくこと

になりますが，現在では様々なライブラリが存在しているため，詳細なコーディングを行わずとも，深層学習の手法を利用することが可能な状況となっています。しかしながら，深層学習の枠組みを用いる上で，2 点注意すべきことがあります。1 点目は，深層学習のように詳細なモデリングを行わず，入出力の組合せのみから学習を行うエンドトゥエンドの学習手法では，何故そのような結果が得られるのかの説明が困難であるため，説明が必要な問題においては利用が難しいということです。2 点目は，入出力関係が複雑であればあるほど，学習に膨大な量の正解ラベル付きのデータが必要になることです。そのような注意点がある一方，結果が得られれば説明が不要なタスクにおいて，データが十分に用意できる場合は非常に強力な手法です。

6.1.4　人工知能の種類

　ここでは，人工知能研究として NTT で取り組んでいる，4 種の AI 技術について紹介します。

　NTT では図 6.1 に示す通り，AI 技術を Agent-AI，Heart-Touching-AI，Ambient-AI，Network-AI の 4 種に分類し，AI 技術の研究を行っています。例えば病院を探している際，会話の音声や位置情報，各病院の混雑情報などから行くべき病院を提案するように，人や外界の発する情報や人の意図を捉えて

図 6.1　4 種の AI 技術

理解するような AI を Agent-AI，心拍や息遣いなどから，人が落ち込んでい
ることを検知し，音楽や綺麗な映像で人を和ませるなど，見えない人の心と反
応を読みとり，理解し，心地よさを与えるような AI を Heart-Touching-AI と
呼んでいます。また，Ambient-AI は渋滞の解消のための交通の制御など，膨
大なセンサーから得られる様々なデータから，未来を予測し，制御するために
環境自体が知能を持つような AI，Network-AI は多数の AI が繋がり合い成長
し，心地よい社会を作るために社会システム全体を最適化するような AI を表
します。

　NTT ではこのような 4 種の AI を実現していくために様々な研究を行って
いますが，その一つとして，ここでは**時空間多次元集合データ分析**を紹介しま
す。IoT／ビッグデータ時代の分析アプローチの区分けとして，分析したいの
が現状なのか，予測を行いたいのか，扱うデータとしては単一種のデータなの
か多次元データなのかというような観点からの区分けを図 6.2 に示します。単
一種のデータを対象とした場合，回帰分析では原因などの分析を行い，時系列
解析では未来がどのようになるのかを予測します。多次元複合データ分析では
複数のデータで何が起こっていたかを分析し，時空間多次元集合データ分析
は多次元データを用いて，いつ，どこで，何がどのようになるのか予測を行い
ます。

　このような時空間多次元集合データ分析の一例として，ドワンゴ超会議での
混雑度マップの予測を行った事例を紹介します。この事例では，超会議中の人

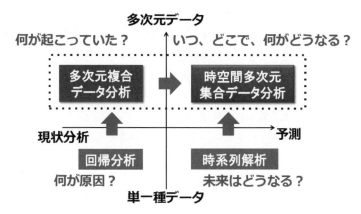

図 6.2　IoT／ビックデータ時代での分析アプローチ

の混雑度をマップ化し，アプリによって来場者に混雑度マップをリアルタイムに提供しつつ，運営側にも運営スタッフの現在地も含めたマップを表示することでスムーズな運営を目指しました。今回のように時空間の予測を行う際，多くの場合において空間的に非常に疎にしか得られないデータから全体の予測を行うことが求められます。また，この事例は近過去のデータのみから近未来の状況をリアルタイムで予測していく必要があるということから，非常に困難な問題です。そのような問題に対して，提案手法を用いることで，10 分後以降の予測精度を 7 ～ 10% 改善し，かつ予測の信頼性自体も向上させることに成功しました。

　ドワンゴ超会議の事例では混雑度マップの予測自体を目的としていましたが，予測結果をどのように活用するのかについても当然重要となります。2011 年に発生した東日本大震災の際，帰宅難民が大量に発生したという問題がありましたが，これは，リアルタイムに情報が伝わっておらず，誘導が上手く行えていなかったことが原因となっています。このような，集団を誘導する必要がある状況においてナビゲーションが満たすべき要件としては，集団最適性，リアルタイム性，先行性の 3 つが重要です。つまり，現時点の状況や渋滞の先行的な予測に基づき，個人個人ではなく，集団として最適な誘導をリアルタイムに行っていく必要があります。このような渋滞の分析に用いることができるマルチエージェントシミュレータと呼ばれるシミュレータについて，従来のものは，各種パラメータや誘導シナリオを設定し，シミュレーションを行うことでオフラインに評価を行うようなものでしたが，実際に活用するにあたり，現実でのパラメータの値についてはわからない場合が多いという問題があります。そのようなことから，現在のデータを用いて予測を行い，どのような方策を取れば混まなくなるのか計算機自体が学習するような仕組みが重要であり，NTT では計算機自体が方策の学習を行う，**学習型マルチエージェントシミュレータ**を開発しました。学習型マルチエージェントシミュレータの概要図を図 6.3 に示します。実際に学習型マルチエージェントシミュレータを用い，東京オリンピック・パラリンピックを想定し，最寄りの駅から新国立競技場に 8 万人の人が移動してくる状況の誘導のシミュレーションを行いました。結果として，誘導を行った場合，混雑を緩和することが可能となり，誘導を行わなかった場合と比較して 1 時間もの差を生む結果が得られました。

図 **6.3**　学習型マルチエージェントシミュレータ

6.1.5　人工知能の活用事例

　ここでは，人工知能技術の活用事例として，3つの事例を紹介します。

　まず1つ目の事例として，超新星の自動検出の例を紹介します。2011年に Saul Perlmutter, Brian P. Schmidt, Adam G. Riess の3人が40個の超新星から宇宙が加速膨張していることを証明したように，赤方偏移する超新星をトラックすることで宇宙がどのようになっているのかを知ることができます。ただし，そのためには超新星爆発が発生し，地球にその光が届いてから2週間という短いタイムスケールの中でその物理量を測る必要があります。また，すばる望遠鏡では一夜の内に6000枚程度の画像が得られており，短い時間の中でそれらの中から人手で超新星を判別するのには限界があります。そのような背景から，すばる望遠鏡から得られた画像の中から，超新星を捉えているものを自動検出する研究を行いました。ここで難しいこととして，図6.4にあるように，画像の中の光が超新星かどうかということは専門家でなければ判断できないレベルのものであること，また，大量の画像の中で，超新星が含まれているものとそうでないものの比が1:1000程度という非常に偏ったデータであることなどが挙げられますが，我々は **pAUC 最適化技術** を開発することで，超

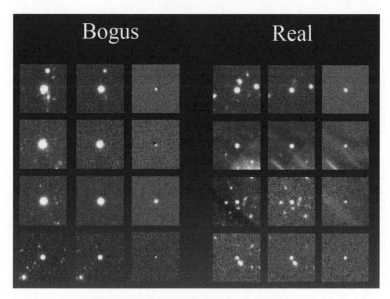

図 6.4 超新星の正例 (右) と負例 (左)

新星の自動検出を実現し，2016 年から行われた計 52 夜の変動天体観測に適用し，6 万 5 千個の候補の中から 1800 個以上の超新星を自動抽出しました。

　次に 2 つ目の事例として，人工知能技術を防災，減災に活用した例を紹介します。関東大震災級の巨大地震 (または南海トラフ，首都直下型など) が 20 年から 30 年後に確実に発生すると言われている中，地震動の予測を行い，地震被害の推定を行うことは非常に重要です。これまでは，地層を掘削し地下の地質を調べるボーリングという方法で，様々な場所で地質を調査し，偏微分方程式に基づいてスーパーコンピュータでシミュレーションを行っていました。しかしながら，ボーリングを実施可能な場所の制約などから，得られる情報が空間的に非常にスパースであることや，地中の情報は非常に曖昧であるがために，各地点に対して数千回のシミュレーションを行った上でアンサンブル平均を得る必要があるという問題点がありました。そういったことから，AI を用いてこの処理を高速化できないかということを検討し，スーパーコンピュータでのシミュレーション 1 回の結果に **CNN (convolutional neural network: 畳み込みニューラルネットワーク)** を用いることで，図 6.5 のようにこれまでのスーパーコンピュータで行っていたシミュレーションでの推定結果と同等の

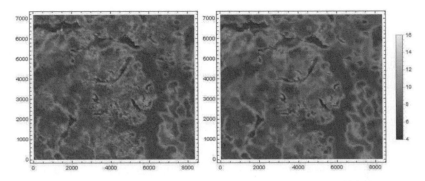

図 6.5 スーパーコンピュータでのシミュレーションからの推定結果（左）とスーパー
コンピュータでの 1 回のシミュレーションと CNN の組合せでの推定結果（右）

結果を得ることが可能となりました。

　最後に 3 つ目の事例として，同様に防災，減災への活用として，南海トラフ
地震の周期予測の事例を紹介します。南海トラフ地震は 90 年から 150 年周期
で発生すると言われています。プレート型地震の発生予測においては，海洋プ
レートのせん断応力と陸側プレートの摩擦力の運動方程式を用いて，地震の発
生サイクルと規模をシミュレーションで求めることが可能ですが，摩擦力の運
動方程式内に含まれるパラメータがロケーションに比例する個数存在するた
め，膨大な数のパラメータを入れることでようやくシミュレーションを行うこ
とができます。これまでは地盤だけでなく気温など気候の条件などを用いて，
専門家がパラメータを入力し，シミュレーションを行っていましたが，過去の
データと照らし合わせてみると誤差が大きくなっていました。そのような地震
の予測モデルのパラメータの決定を機械学習で行うことができないかというこ
とで，過去の地震を再現するようなパラメータを求め，シミュレータを用いて
将来の予測を行うことを目的に研究を行いました。この問題に対しては専門家
の前提知識により，パラメータの候補値がある程度絞れていたため，スーパー
コンピュータでモデルのパラメータを網羅的にサンプリングを行い，シミュ
レーションを回してデータを作り，学習と評価を行っていきました。シミュ
レーションで得られたデータからパラメータを逆推定できるかと言うと，モデ
ルが極度に非線形であることから，ニューラルネットワークでは推定を行うこ
とができず，通常のニューラルネットワークを用いた場合に 110 年，125 年と
大きく存在していた誤差を，提案法を用いることで 6.5 年，11 年に抑えること

が可能となり，予測精度を大きく改善することができました。

6.1.6 ま と め

　これまでの内容をまとめると，機械学習は AI 時代の汎用的なコア技術とし
て重要であると言えます。マーケティングなど，物理モデルが未知の領域にお
いて，真理の追究を求めるのではなく，特定の目的を達成することにおいては，
非常に有効となる技術です。近年，特に深層学習がその精度の高さから注目
され，活用されていますが，あらゆる問題に適用できるわけではありません。
データが大量に得られる状況下で，かつ解が得られれば説明性を求められない
問題であれば良いですが，得られるデータが少数である場合や，因果関係を特
に重視する問題，データが不完全な場合などには適用することができません。
　また最後に，データを使って何かを予測するような，データ駆動型のアプ
ローチ自体にも限界があることを指摘しておきます。データ駆動型の手法は，
考え方としては内挿的なアプローチであり，データとして持っているものの中
に含まれることについては予測できますが，全く知らない，データを持ってい
ない部分を予測する外挿を行うことはできません。このようなことから，今後
は科学で培ってきたプロセスモデルを上手く融合していく考え方が必要となっ
てくると考え，**シミュレーションベース機械学習**を提案します。物理モデルと
観測モデルが存在しているような状況下であれば，パラメータを変化させるこ
とで，通常のシミュレーションを行い人工データを作成することができます。
人工データと観測データの辻褄を合わせるような形で，モデルのパラメータを
逆推定を行い，モデルを精緻化することができれば，そのモデルを用いて将来
の予測を行うことができます。このように，各分野で培われてきた物理モデル
と，機械学習のアプローチを融合していくことが今後求められていくと考えて
います。

7

社会における数理・データサイエンス・AI (2)
——ビジネスにおけるデータサイエンス

7.1 はじめに

　データサイエンスを使って，IT 企業がどのようなビジネスを行ってきたの
か，また今後どのような事業を行って行きたいかについて説明します。AI（人
工知能）と IoT（Internet of Things）による社会価値の創造についての紹介動
画を 5 年前に作りました。その時には，家族団らんの自宅でくつろぎながら，
AI（人工知能）が自分に相応しいソファーを選び，注文してくれるシステム，
また，監視カメラやドローンによって犯罪者を見つけるシステムが将来実現し
ていることを期待していました。少々驚きですが実際，現在，AI の技術の部
分などはすでに実現しているものも多いです。ただ，動画に出てくる「空中に
浮かぶディスプレイ」は，いまだ実現していませんが。

　データサイエンスを働かせるためには，データを集める必要がありますが，
IoT によって，カメラやセンシングデータをインターネットを通じて大量に切
れ間なく集めることができます。そのデータはあまりにも大量のため，人間
が解析していては，間に合わないので，それを AI に解析させています。企業
はそれによって，社会的な価値を生み出し，対価をいただくビジネスを展開し
ています。

7.2 人工知能ビジネス活用の 4 つの波

　人工知能ビジネスの歴史をざっくりと見てみましょう。企業においては，人
工知能を様々なビジネスに活用してきました。そのビジネスの流れの中で次の

4 つの波があります。

1. 大規模見える化システム：
    人間では見きれない大量データを人工知能で監視・整理
2. 大規模予測システム：
    精度と解釈性を両立する予測器を人工知能で構築・運用
3. 大規模意思決定システム：
    制約・リスクも勘案して，人工知能で複雑な計画・戦略を立案
4. 人工知能間の交渉・協調・連携
    意思統一されていない人工知能間で自動交渉・挙動調整

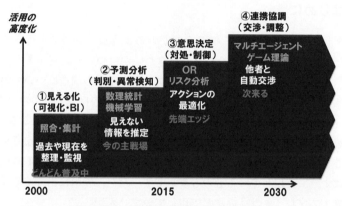

図 7.1　人工知能ビジネス活用の 4 つの波

7.2.1　大規模データ見える化システム

　歩道に行き交う人をカメラでずっと監視して，あらかじめ写真で登録した人が来たら知らせるというシステムが実用化されています。このシステムに必要なのは，カメラに映る数多くの人の画像から，写真と一致した人を見つける技術で**顔認証**の技術です。筆者の属する企業では，1989 年から顔認証の研究開発を始めましたが，2009，2010，2013 年に静止画像顔認証の NIST（米国国立技術標準研究所）のベンチマークで第 1 位を獲得しました。また，同じく動画を用いた NIST ベンチマークでも 2017 年，2019 年に第 1 位を獲得しました。これらの技術は世界中の空港での入出国管理や，施設への入場管理，犯罪捜査等に導入されています。

　また，行動の見える化ということで，犯罪の兆しを捉える映像認識技術が開発されています。例えば，侵入検知，置き去り検知，持ち出し検知，速度検知，異常挙動検知，オートバイ 2 人乗りの検知などがあります。環境の見える化としては，あるエリア全体の混雑状況を俯瞰して把握することが可能です。混雑状況をスマートフォン，モニターを通じて知らせたりすることができます。映像認識技術は，様々な観点から，安心・安全な街づくりに貢献します。それ以外に，顔認証技術を活用したサービスとして，コンピュータの顔認証ログイン，顔認証による入場管理，コンビニ等であらかじめ登録することにより，顔認証で決済するシステムなども可能です（図 7.2）。このようなサービスは，現在どんどん普及しつつあり，非常に大きなビジネスにつながっています。

端末ログオン

入場管理

顔認証決済

個別案内/誘導

図 7.2 顔認証を活用したシステム

7.2.2 大規模予測システム

　過去や現在の状態がどうなっているのかを整理・監視するのが「見える化」でしたが，将来の状態がどうなるのか「予測」することが，**予測分析**です。この分野のビジネス化も進んでおり，多くの企業が研究開発を行っており，現在の主戦場となってきています。いろいろな予測システムがありますが，筆者の属する企業では，歴史的経緯から大きな企業・組織を顧客としてきたので，特

に「**大規模予測システム**」を得意としてます。

　大規模予測システムとは，データサイエンスを使ったシステムなのですが，予測しないといけないものが大変たくさんあり，かつ予測をずっと継続する必要があるシステムのことを言います。例えば，次のような所で実際使われています。

- **ビル管理システムにおけるエネルギー需要予測**：
  数十〜数百のビルにおける，各フロアの主要分電盤別に 48 時間後までの 30 分毎の**電力需要予測**を 15 分おきに出力
- **水道施設運用システムにおける水道需要予測**：
  数十の地区別に 24 時間後までの 15 分毎の水道需要量を数十分おきに出力
- **小売チェーン自動発注システムにおける商品需要予測**:
  店舗×商品別に 3 日先までの半日毎の需要を毎日出力

　例えば，大都市の水道局では，水の需要予測は非常に重要です。各地区の消費者の将来の水需要を把握して，適切な量の水を作り，少しずつ供給しないと，断水が発生したり，使用期限の過ぎた浄水を破棄する無駄が生じたり，場合によっては老朽化した水道管の破裂につながったりします。コンビニのチェーン店で，鮭おにぎりが，何時，何個売れるかをずっと予測していかないと，鮭おにぎりが売れ残ったり，逆に売り切れてしまって問題になるというわけです。鮭のおにぎりだけでなく生鮮食品全体についての需要予測，またコンビニチェーンの店舗毎の需要予測も必要です。数千，数万，数十万の対象に対して，予測をして，その精度を上げることが必要ですが，人間がすべてに対応し続けることは不可能であり，コンピュータを用いた自動システムが必須です。

（1）　予測システムの基本的構造

　予測モデルとは「入力データから予測結果を計算する式・手順」のことです。業務知識や大量データ分析に基づき，予算対象ごとに事前に構築しておきます。人間が行うと大変なので，人工知能に構築させています。

　ある地域のコンビニで，どのくらいアイスクリームが売れるかということを例に取って予測モデルの構築手順がどうなっているかを簡単に説明します。

1. 予測に使えそうな「説明変数」を選択します。例えば，アイスクリーム
   の売り上げ数を予測するためには，「気温」，「降水量」や「時間帯」な
   ど，説明に関係しそうな入力変数を選択します。
2. 次に過去データに基づき，**予測対象と説明変数間に成立している法則**を
   抽出します。ある地域のコンビニで過去に売れた「アイスクリームの売
   り上げ数」（予測対象）と説明変数「気温」，「降水量」や「時間帯」の過
   去のデータの相関をみて，そこから**法則**を導きます。
3. **予測モデル（回帰分析の例）**：当該の法則を表す式やその計算手段が**予
   測モデル**です。例えば，Y が「アイスクリームの売り上げ数」（予測対
   象となる変数）とすると，「気温」や「降水量」などの説明変数の一次式
   で法則が示せる場合は，**回帰分析**という予測モデルにより，次のような
   式が得られます。

$$Y = a \times 気温 + b \times 降水量 + \cdots \tag{7.1}$$

a, b はある決まった数で，データから決めることができます。

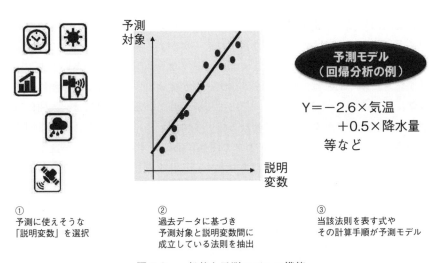

図 7.3 一般的な予測モデルの構築

（2） 予測モデルの例

予測モデルの例としては，次の例があります。

- **線形回帰分析**

  予測対象 Y が，説明変数 $X_1, X_2, \cdots$ の一次式で表されるモデル

  $$Y = -2.4 \times X_1 + 0.34 \times X_2 + \cdots \tag{7.2}$$

- **決定木**

  if-then ルールの組み合わせで，場合わけを表現したモデル

- **ディープラーニング（多層ニューラルネットワーク）**

  脳の動作を模したモデルで，大量の良いデータがあると非常に予測性
  能が高くなります。しかし，その計算過程は非常に膨大であり，それを
  人間が，直接読み解き理解することは不可能です。この意味でディープ
  ラーニングはブラックボックスと言われます。

機械学習（AI) は，過去データを参照して，効率よく予測モデルの構造やパラ
メータを調整する技術ですが，様々なモデルに対して，様々な学習方法が提案
されています。

（3）　精度とホワイトボックス性のトレードオフ

　線形回帰分析や決定木は，モデルが単純で，結果も人間が理解しやすい（ホ
ワイトボックス）ですが，複雑な法則にデータが従っていると，予測の精度は
高くならないという欠点があります。ディープラーニングでは，良い過去デー
タが非常に多くあれば，複雑な法則にデータが従っている場合でも予測性能が
非常に高いモデルができますが，その中で行われている計算過程は，人間には
理解不可能でブラックボックスとなっています。ホワイトボックス性と予測精
度の高さは，一般にはトレードオフの関係にある，すなわち一方が良くなる
と，他方は悪くなるという関係にあります。これを表にすると，表 7.1 のよう
になります。

表 7.1　精度とホワイトボックス性のトレードオフ

予測方法	精度	ホワイトボックス性
線形回帰分析	低い	高い
決定木	低い	高い
ディープラーニング	高くできる	低い

　データ解析による予測モデルにおいては，ホワイトボックス性は，例えば医療分野などにおいてとても大事です。例えば，ブラックボックスな予測モデルでは，健康診断結果からある人が将来にかかる病気が予測できたとしても，その理由がお医者さんにもその人にもわからないという問題が生じてしまいます。

（4）　精度とホワイトボックス性を両立するための人工知能を新規開発

　複数の単純な法則で複雑な挙動をモデル化すれば，精度とホワイトボックス性を両立できるのではないでしょうか？ この基本アイデアから出発して「異種混合学習技術」という，予測モデルの自動構築技術を開発しました。

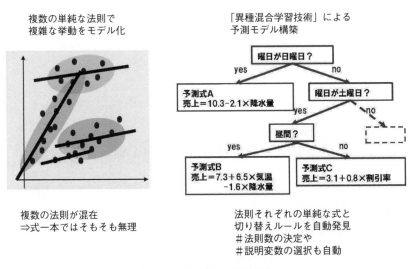

図 7.4　異種混合学習技術

　これにより図 7.4 のように，データの分布が複雑な挙動を示している場合でも，複数の線形回帰分析を組み合わせて予測を行うモデルを作ることができるようになりました。モデルにおける回帰分布の個数，各回帰分布における説明変数とパラメータ，その切り替えルールすべて，AI により自動的に決定されます。

　この異種混合学習技術をエネルギー需要予測モデルに利用して非常に高い性能を示しました。

（5）　エネルギー需要予測ソリューション
エネルギ―需要予測例

- ビル全体やビル内のある特定フロア，あるいはプラントなどを対象とし
  て，将来 (1 時間後，2 時間後，··· 24 時間後，2 日後，1 週間後など)
  のエネルギー（電力や空調熱量等）の需要を予測します。

予測に用いる説明変数の例

- 対象設備の過去のエネルギー消費実績，設備稼働/非稼働データ，ビル
  プロフィール情報
- 営業日情報，従業員数
- 気温，湿度，日照時間，等

結果イメージ

- 時系列グラフ (実績値と予測値の比較)

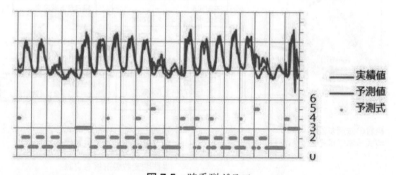

図 7.5　時系列グラフ

実績値と予測値の比較

　この異種混合学習技術による大規模予測システムは，電力需要予測だけで
なく**商品需要予測，適正価格予測，品質予測，劣化予測，チャーン予測，購
買予測**など様々な分野で実用化されています。この技術については，第 29 回
(2015) 先端技術大賞を受賞しました。

（6）　説明変数生成のためのデータ加工の自動化

　最近の話題としては，説明変数生成のためのデータ加工も自動化する方法が開発されています。分析自動化は現在，データサイエンスの最もホットな分野の一つです。

　データサイエンスアルゴリズムに，いろいろな過去データを入力すると結果が得られるわけですが，どのようなデータを入力するかは，難しい問題です。例えば，桜の開花時期は，その日の気温によって決まるのではなく，過去30日間の気温の累積値というパラメータがよい説明変数になることが知られています。データベースにあるデータをそのまま使うのではなく，このようにデータを加工して特徴量・説明変数を抽出することも大変重要ですが，この部分を自動化する技術の開発競争も盛んになっています。

7.3　大規模意思決定システム

　人工知能を用いて，予測ができるものについては，それを用いて意思決定し，ビジネス戦略に生かすことができます。その例として下記があげられます。

- 都市の水道システムにおいて，水需要を予測し，造水・配水計画を行い，安全・効率的な運用を行う。
- スーパーマーケットやコンビニにおいて，商品売り上げを予測し，価格・品揃え戦略を立て，競争力のある店舗を展開する。
- 交通機関において，通勤需要や移動時間を予測し，交通機関の運行計画を立て，待ちのない通勤を行う。
- 物流において，部品需要の予測を行い，物流の最適化を行い，無駄のない物流を実現する。
- インフラの整備において，設備・インフラの劣化の予測を行い，設備の保存スケジュールを立て，安全安心な社会インフラを構築する。

　大規模意思決定システムの例として，各都市の水道システムの制御があります。世界中の各都市において，水道システムが運用されていますが，様々な課題を抱えています。浄水施設から水道管を通じて家庭に水を届けるために，適切にポンプやバルブを調整し，無駄なく需要を満たす配水計画が必要となります。その時，パイプの劣化による漏水や，配水不足（断水），過剰配水における電力効率低下という課題が生じています。ちなみに，漏水率は，ロンドンで

15%，日本は 7% で世界的に見て大変低い値ですが，劣化しているパイプに，圧力の高い水を流すとパイプが破裂してしまうので，危険です。ポンプを動かす電気使用料も勘案して，適切に制御する必要があります。配水計画，施設群・機械群の運転計画を人工知能で行うことが提案されています。

7.4　人工知能間の交渉・協調・連携

　AI による自動制御が広く普及し，社会価値増大に貢献するためには，意思統一されていない AI 間でも挙動を調整できる仕組みが必要です。これが，人工知能間の交渉・協調・連携です。これが現在の筆者の主な研究対象となっています。これは，自動運転社会や，マス・カスタマイゼーション社会において，Win-Win 機会を発見・最適化し互恵関係を形成するというようなことです。この部分については，現在研究開発が進展しており，将来的に有望な分野です。

8

社会における数理・データサイエンス・AI (3)
——人工知能技術と社会実装の取り組み

8.1 Society 5.0 のための AI

Society 5.0 というキーワードが様々な地域，学術分野，企業でも語られるようになってきています。最近では新聞やネット記事などでも Society 5.0 という言葉が見られるようになっていますが，具体的な中身については明確なわけでは無く，議論されている最中です。数年後には Society 5.0 の実像が浮かんでくることになり，まさに本書を手に取っている皆さんが関わっていくことになることかと思います。今後の社会においてビッグデータや AI の技術を活用していく中では，如何にして価値を創造していくのかが重要となります。本章では，AI 技術を社会実装していく上で，価値を創出する必要性や，現状の課題などを，実例を交えながら紹介します。本章を読んだ上で，何を解決すべきなのか，どのような目的を持つのか，自分なりの直感で，どのような価値が創り出せそうなのかを，我々自身の問題として，Society 5.0 として実現される生活，社会を具体的に想像し，目指すことができればよいと思います。

8.1.1 VUCA の時代におけるビジネス活動

ビジネスの世界において，現在は **VUCA** の時代であるということがよく言われています。VUCA というのは，**Volatility（変動性）**，**Uncertainty（不確実性）**，**Complexity（複雑性）**，**Ambiguity（曖昧性）** の頭文字を取ったものですが，現在は非常に変動的で不確実な状況であり，これまでのビジネスや社会における経験則が通用しない状況であると言われています。自動車を例に挙げると，自動車が普及発展していくモータリゼーション社会と呼ばれていた

イノベーションが一段落し，ここから自動車がさらに急激に普及していくようなことは考えづらい状態となっています。最近では，ICT 端末としての機能を有するコネクテッドカーと呼ばれる車の登場など，自動車メーカーにおいても，これまでの技術開発とは全く別な方向で価値を生み出していくことが求められています。また，ICT 技術の浸透によって社会が変わり，情報の循環，相互作用が高まったことにより，今まで無関係だと思っていた会社が競合になるなど，会社間の関係に関しても大きく変わる可能性があります。

　このような変動が大きい時代においては，意思決定が非常に難しいという問題があります。先に述べたように，これまでの経験則が通用しないような状況であり，これまでの成功体験などで意思決定をしていくことは非常に危険な状態となっています。そのため，AI 技術やビッグデータを用いて，適切に意思決定をする必要性が急激に高まりました。このようなことが，近年データサイエンティストが必要とされ，AI 技術が期待されるようになった一つの背景となります。

　もう一つ大事な観点として，これまでの経済成長を目的としていたビジネス活動において，**SDGs（持続可能な開発目標）**や環境，社会，ガバナンスを重視した経営を行うことが不可欠な状況となっています。これまで，企業は利益を追求することが目的であるということが常識とされてきていましたが，あくまで利益というものは持続，発展のために必要なものであり，企業は SDGs や社会的な価値を提供することを目的としていなければ淘汰されてしまうような時代となってきています。経済的な競争をするのでは無く，いかに社会価値を生み出し社会に必要とされる存在になるのかが重要です。内閣府知的財産戦略本部も技術そのものを生み出すだけでは不十分であり，価値をデザインする時代に入ったと宣言し，**価値デザイン社会**というキーワードで今後の方向性を示しています。このような背景から，日本のこれからの研究の方向性として，第 5 期科学技術基本計画において Society 5.0 という方向性が打ち出されました [34]。

8.1.2　Society 5.0 におけるフレーム

　Society 5.0 においては，従来の大量生産，大量消費，モノ中心，現金支払いという枠組み（フレーム）が変わり，サイバー空間とフィジカル空間が高度に融合した，新しい社会のフレームとなります。そこでの産業はモノ中心，現金

主義ではなく，モノに関してはシェアリングという概念が普及し，キャッシュ
レス化も進行していきます。また，モノを所有することへの価値が薄くなり，
心を豊かにすること，経験を豊かにすることが価値を持つ，コト中心の社会と
なると言われています。現在はそのフレームの変化の過渡期であり，流動性の
高い時代だと言えます。

　そのような流動性の高い時代において，AI 技術やビッグデータを活用する
ことが必要となります。これまでのコンピュータは，明示的に特定の動作をす
るプログラムを与えることで動作させていました。そのため，プログラム自体
を変えない限りは別の挙動をすることはありません。そのような状況に対し，
機械学習の手法を採用すれば，与えるデータを変えることで違った挙動を示し
てくれるようになります。すなわち，AI を備えた製品を出荷した段階では，
その環境に適する形では十分には学習されていないものの，使っているうちに
使われている環境で集めたデータを用いて賢くなっていくような AI を作るこ
とができます。そのようなコンピュータの使い方ができれば，現在の変化の激
しい時代においても，環境の変化に合わせて柔軟な動作をすることが可能にな
ります。

8.1.3　AI とデータの活用

　現在，ディープラーニングなどの機械学習の技術は，画像処理，音声認識な
ど，様々な分野で精度が非常に高くなってきています。正解のデータが大量に
集まったタスクにおいては，そのデータをほぼ丸暗記してしまうことが可能で
あり，高い精度を持ったサービスを作ることができます。逆に言えば，ディー
プラーニングなどの技術を用いるためには正解のデータが大量に必要であるた
め，そもそもそのタスクが正解のある問題なのか，正解を一つには決められな
い問題なのかを見極めること，また，データを持続的に手に入れられる立場に
立つことが重要となります。

　AI の学習には必須となるデータの性質をみると，現在 AI での活用が進ん
でいるデータについては，ほとんどがインターネット上に存在するビッグデー
タです。インターネット上に存在するビッグデータの特徴として，状況に依存
せず，いつでも誰でも利用可能であること，ユニバーサルな知識であり，時間
解像度が高くないことが挙げられ，その応用としてはクイズ，ゲームなどに強
い，博識型の AI を作ることができます。

　それに対し，今後活用が期待されている，現実のセンサーなどから得られる実社会の活動によって生成される，時間・空間解像度の高い**実社会ビッグデータ**については，状況に依存しており，その時，その場所で，その人に関係するデータであるという特徴があります。例えば，観光地で観光客が各スポットを回った際，「いいね」と残したような履歴に関しては，その場所でのみ有効なことであり，かつすべての人に対して有効な情報ではないが，同じ関心を持つ人々の間では重要な情報になります。また，都道府県や市区町村ごとというような大きいメッシュではなく，時間的にも空間的にも，非常に高解像度なデータであることも特徴の一つです。他の例を挙げると，工場で取得できるようなデータに関しても，特定の状況，特定のタイミングに特定の設備に対してトラブルが起きやすい，というような，あくまでもその工場でのみ有効なデータであると言えます。このような実社会ビッグデータを活用して，現場固有の問題を解決するための実践型の AI を作ることができます。

　また，現在 AI で用いられている機械学習のモデルとして，複雑で非線形な決定論的関数を表現するディープラーニングなどの手法が有名ですが，現象の不確実さやばらつきを表現する，確率分布モデルというものも存在します。確率分布モデルで有名なものとして，**ベイジアンネットワーク** [67] をここでは紹介します。

　ベイジアンネットワークの例を図 8.1 に示しますが，ベイジアンネットワークは，目的変数に対して強く影響する説明変数を選択し，どのような関係をもっているのかをグラフとして表現するモデルです。図の中のノード（丸）がそれぞれ確率変数を表しており，エッジ（矢印）が確率変数間の影響の有無を表現しています。例えばある化粧品を買う確率を考えると，影響する変数としては様々なものが考えられますが，代表的なものとして客の性別が挙げられます。このように影響するであろう説明変数がわかっている場合，客が男性であった場合にその化粧品を買った回数，買わなかった回数，女性であった場合にその化粧品を買った回数，買わなかった回数をそれぞれ正規化し確率とすることで，その影響を学習することが可能です。また，そもそもその説明変数が本当に影響しているのかがわからない場合でも，ベイジアンネットワークの構造を情報量基準などのスコアを用いることでデータから自動で学習することも可能です [68]。

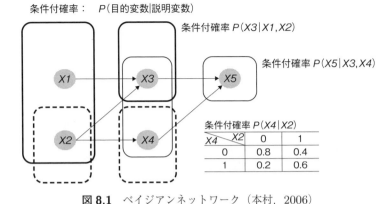

図 **8.1** ベイジアンネットワーク（本村，2006）

8.1.4 AI を活用していくために

　ここでは，今後の社会において，AI を活用していくために留意すべきことについて説明します。

　まず，目的として何を実現したいのか，どのような価値を創出したいのかを考えるのはもちろんですが，価値に関して，計測可能な価値を考える必要があります。これについては先に述べたように，AI に学習させる上では，正解のデータが欠かせないことが理由です。例えば，子供の怪我を防ぐということを行いたい場合，怪我をした時の状況や原因とともに大量のデータを集めておき，怪我となる原因や状況についての対策をした結果，子供の怪我の回数という計測可能な値が減少すれば，価値が生み出せたと言えます。

　また，AI の精度を高めていくためには大量のデータが必要となるため，データを持続的に収集可能な枠組みを考えることも重要です。データを集めるためには，提供するサービスやアプリケーションをたくさんの人に使ってもらう必要があります。また，たくさんの人に使ってもらうためには，もちろん価値を創出するようなサービス，アプリケーションを提供する必要があります。そうすることでたくさんの人に使ってもらうことができれば，データが大量に生み出され，そのデータを用いて AI を高性能化することで，さらにサービス，アプリケーションが高度化され，価値を増大することができます。すなわち，図8.2 に示す通り，価値の創出，増大が AI のさらなる成長に繋がり，循環していくことでさらなる価値を生み出していくことが可能となります。価値を創出するためには，提供するサービス，アプリケーションを実際に使うユーザを想定

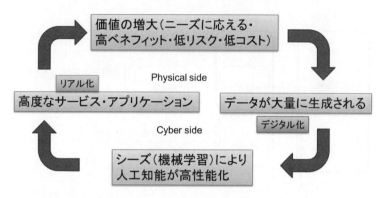

図 8.2 AI とビッグデータの成長スパイラル（本村，2016）

し，可能であれば最初に直接ユーザの要望を聞き，ユーザに合わせて作り込むといったことが大切です。これまでであればコンピュータの性能の向上に伴って精度が向上してきた AI 技術ですが，データ不足が問題となることの多い現在においては，このように持続的にデータを収集し，AI を成長させていくような枠組みが重要となります [70]。

　AI 技術を活用する上で他に注意すべき点として，ディープラーニングなど，使用する機械学習の手法によっては，学習結果の解釈が困難となるという問題点があります。学習結果から理屈や現象を人間が理解することができれば，結果を見た人が様々なアクションを取ることができます。例えば病気の診断において，診断結果だけではなく何が原因となっているのかがわかれば，原因を取り除くように動くことも可能かもしれません。精度を高めるだけではなく，人に気づきを与えるような AI というのも，タスクによっては重要となります。

　また，AI 技術を活用する際には，**フレーム問題**と呼ばれる避けては通れない壁が存在します。例として，図 8.3 のような文字を認識する AI を作ることを考えます。人間であれば，上の単語については "CAT"，下の単語については "THE" と読むことができるかと思いますが，文字認識で非常に高い精度を持つディープラーニングでも，一文字ずつ文字認識することを学習した場合であれば，上の "A" と下の "H" の両方を正しく認識することはできません。人間がこれらの文字を読めるのは，人間がフレームを持っており，これらの文字列が「英語である」ということや，「単語である」という前提条件，つまりフレームを自然に活用しているからです。この例のように，人間にとっては常識とも言えるフレームを，AI は自然とは持っていないため，どのようにしてそ

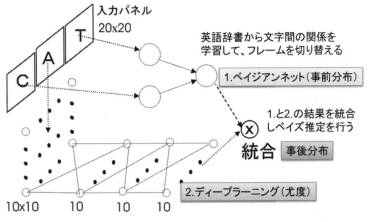

図 8.3 データ活用におけるフレーム問題の例（CAT と THE の文字認識）

図 8.4 ディープラーニングとベイジアンネット統合モデルによる
CAT, THE の認識（本村・西田，2007）

のフレームを AI に学習させるのかということを考慮する必要があります。今回の例の場合，単語としてのフレームを，文字の間の関係として学習することを考えます。図 8.4 に示すように，一文字目が "C"，三文字目が "T" の場合に二文字目が "A" である確率が高くなるように辞書の単語から学習しそのベイジアンネットワークの結果とディープラーニングの文字認識の結果を統合することで，"CAT" と "THE" の両方とも正しく認識できるようになります。

　このようなフレーム問題に関しては，人間全員が持っている共通の常識に限るわけではありません。粒度は様々ですが，国の違い，文化の違いなど，環境ごとの違いや偏りが少なからず存在し，ある国で学習した AI を別の国で使う場合などに結果がずれてしまう場合があります。AI を社会実装していく上では，この偏りが存在することを認識し，あるところで上手く予測ができた AI

が必ずしも他のところで上手く予測ができるという保証は無いということを意
識し，適切なフレームを自分でマネジメントしていくという心構えが必要とな
ります。

8.1.5　AI の社会実装の事例

　ここでは AI の社会実装の例として，ユーザ適応型カーナビの事例を紹介し
ます。この事例ではカーナビでレストランを選ぶシチュエーションに限定した
上で，ユーザに合わせてレストランの推薦をする AI を実現しました。概要図
を図 8.5 に示しますが，データとしては年齢，性別などのユーザデータと季節，
時間などの状況データ，ジャンルや平均コストなどのレストランのコンテンツ
データを用い，先に紹介したベイジアンネットワークで学習を行いました。結
果として得られたネットワークは図 8.6 のようになっていますが，いくつかの
結果のみ紹介します。運転歴の長さがフランチャイズの店を選ぶかどうかに影
響していることが図からわかりますが，これは運転歴が短い免許を取りたての
人ほど，国道沿いにあるようなファミリーレストランなどに入りやすく，観光
地にあるような少しアクセスしづらい場所にあるような店には，運転歴が短い
人は行きづらく，運転歴がある程度長い人が多くなるのではないかと考えられ
ます。また，急いでいる状況かどうかもフランチャイズの店であるかどうか，
に影響していますが，急いでいる場合，気軽に入りやすいファミリーレスト

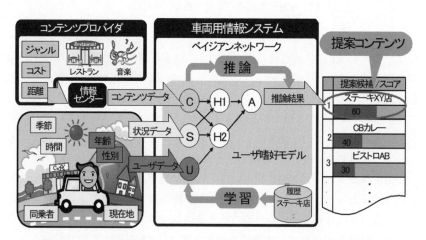

図 8.5　ユーザ適応型カーナビ（レストラン推薦）（本村・岩崎，2006）

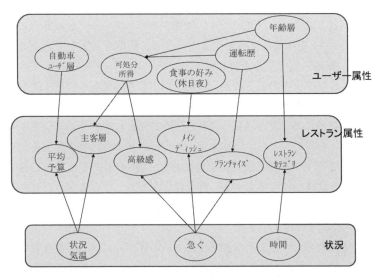

図 8.6 レストラン推薦システムの構造学習結果（本村・岩崎，2006）

ランなどを選択するのではないかということが考えられます。このように，目的に合わせてデータを取得しておくことで，人間から見ても納得できるような結果，知識をデータから自動で得ることができ，さらにこの学習結果を用いてレストランのレコメンデーションを行うことが可能となります。

　また，同じようにユーザにレコメンデーションを行うものとして，映画のレコメンデーションを行う AI を作った事例があります [68, 71]。この事例での重要な知見としては，一人で見る動画サイトでのレコメンデーションは，皆で見る映画館での映画のレコメンデーションを行う際は役に立たないということが挙げられます。これは先に述べたフレーム問題の一例であり，同じく映像を推薦するシステムであっても，動画サイトで見るものと映画館で見るものではユーザの要求は違い，動画サイトでは一人で自分の好きな動画を見ることを求めるのに対し，映画館では一緒に行く同行者に喜ばれること，悪印象を与えないものを求めるということが理由として考えられます。

8.1.6　おわりに

　目的変数を設定し，その現象を説明するようなモデルをデータから学習できると，サイバー空間上で目的変数の予測を行うなど，そこから価値を生み出す

ことが可能となります。前述の通り，価値を創出していくことでさらにデータ
を生み出し，AI を高度化していくことでさらに価値を増大していくことがで
きますが，価値を創出するためには，与えられたデータを用いるだけではな
く，どのようなデータを取るのか，目的や創出したい価値からデータ自体もデ
ザインすることも重要となります。

　また，現在多くの企業が AI の活用を進めようとしており，デジタル変革や
業務改善などを行おうとしていますが，まだその多くは既存の業務を効率化す
ることに留まっています。既存の業務に対し，AI を用いることで業務の効率
化を行うことは確かに可能ですが，社会自体が変革している今，既存の業務の
フレームに留まらず，新しいユースケース，応用を考え，フレーム自体を変え
ていくことが重要です。

　ここまでの内容を踏まえ，本書を読んでいる皆さんには，変革している社会
の中で AI を用いてどのような価値を生み出したいのか，その価値を生み出す
ためにはどのようなデータを得る必要があるのか，また，どのようにしてデー
タを継続的に得ていくのかということを，我々が前提としているフレームや本
来の価値は何か，その上で本来あるべき仕組みはどんなものか，ということま
で立ち返って考えてもらえると幸いです。

おわりに

　政府は 2019 年 6 月に「AI 戦略 2019」を打ち出したが，その 4 つの戦略目標の最初に「人材」を掲げている。そこでは，「人口比において最も AI 時代に対応した人材を育成・吸引する国となり，持続的に実現する仕組みを構築する」と明言されており，これを受けて，2020 年 4 月に数理・データサイエンス教育強化拠点コンソーシアムが「数理・データサイエンス・AI（リテラシーレベル）モデルカリキュラム」を策定した。このモデルカリキュラムは，文理を問わず，すべての大学・高専生（約 50 万人卒/年）が初級レベルの数理・データサイエンス・AI を習得することを目的としているのだが，政府は，なぜ数理・データサイエンス・AI をすべての学生に学ぶことを求めるようになったのだろうか？

　それは，労働力・資本・技術革新にけん引されて発展した従来型の産業が，「データから価値を生み出す産業」に急速に移り変わっており，この勢いがさらに加速していることが背景にある。いま我々は，ジェームズ・ワットが発明した蒸気機関により大きく産業構造が変わった，あの第一次産業革命に匹敵する大きな変革の真っただ中にいるのである。データは「21 世紀の石油」と言われるように富を生み出す源であり，それを生成・収集して価値を生み出す仕組み，つまり数理・データサイエンス・AI を知らなければ，世界の潮流に取り残されてしまうという危機感が，政府や我々を突き動かしているのである。

　平成元年 (1989 年) の世界時価総額ランキングでは，金融，通信，自動車，電機，電力などの日本企業が多く名前を連ねていたが，平成 30 年 (2018 年) には完全に様変わりし，いわゆる GAFA をはじめとした巨大 IT 企業に置き換わっている。もちろん，数理・データサイエンス・AI は産業構造の変革だけをもたらすのではない。新しい科学技術は，以前から観測データに基づいた理論研究や開発が行われてきたが，電子顕微鏡や遺伝子解析装置，電子望遠鏡，MRI，PET など画期的な計測装置が発明されるたびに，その周辺技術の飛躍的進化をもたらし，多くの発見や発明，応用が生まれる。言うまでもなく，計測機器やセンサーの発明は新しいデータを生み出し，そのデータが新しい科学や技術を生み出しているのである。このことは自然科学分野に限ったことでは

ない。社会科学や人文科学などでも同様であり，コンピュータとインターネット，スマートフォンの発達により，人々の行動や考えなどが，アンケートやインタビューなどによる実地調査を行わなくても，電子メールや掲示板，SNSなどでデジタル情報として取得できるようになり，研究や技術開発のやり方に大きな変革をもたらしている。

　本書は，以上のような政府の AI 戦略を背景として，文理を問わず，すべての大学・高専生が初級レベルの数理・データサイエンス・AI を習得することを目的としている。よって，本書では，高校で数 I・数 A のみを履修している者でも，無理なく学習できるように構成したつもりである。第 1 章から第 3 章までは，まさに数理・データサイエンス・AI のリテラシーを教えるものであり，少し高度な内容も含まれているが，小学校のときに習い学んだ「読み・書き・そろばん」に対応すると考えてもらったらよい。それゆえ，すべての大学・高専生は最低でも，これを理解し習得することが期待されている。

　しかし，数理・データサイエンス・AI を自分の専門分野に積極的に取り入れて，新しい観点を身に付けようと思う者は，モデルカリキュラムではオプションとされている，第 4 章以降の内容も習得することが望まれる。統計や数理基礎，時系列データ解析，テキスト解析，画像解析は，少し高級な「読み・書き」能力を持つために必要な概念であり，アルゴリズム，データ構造，データハンドリング，プログラミングは，「そろばん」の代わりに少し高級な道具，つまりコンピュータを使いこなせるようにするためのものである。政府は，数理・データサイエンス・AI を「文理を問わず」必要となる学問と認めていることから，大学卒業後に中核人材としてはばたくことを目指す諸君には，オプションと言えども，スキップしたり，力を抜いたりすることはお勧めしない。それに，これからの小中学生や高校生は，数理・データサイエンス・AI リテラシーを，まさに「読み・書き・そろばん」のごとく習うことになっており，そういう人材が何年か後には大勢を占めることは容易に想像でき，今の大学生は心して臨まなければいけない。

　ただし，第 1 章から第 5 章で取り上げた内容は，数理・データサイエンス・AI を本格的に学ぶ上で最低限知って欲しいことに限っており，実はこれだけでは，いま世の中を席巻してるビッグデータ解析や AI の最先端技術を理解したり，使ったりすることは残念ながらできない。データサイエンスや AI の新しい科学技術やビジネスは，このような最先端技術から生まれている現状を考えると，確率統計，解析学，線形代数などの基礎数学を習得した上で，プログ

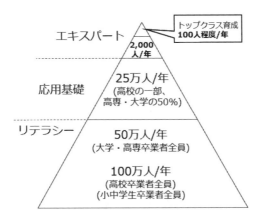

図 1　AI 戦略 2019 の人材育成目標

ラミングスキルを磨きながら機械学習をはじめとした高度なデータ解析手法を
身に付けていく必要がある。しかし，現状ではどのような勉強をすればよいか
わからないだろうし，それを勉強することで，どんな世界が拡がるのかをイ
メージすることは難しいだろう。そこで，第 1 章から第 5 章の内容を一通り習
得した皆さんに当面の勉強の目標としてもらうため，第 6〜8 章では，最先端
の研究に携わっておられる方々に，データサイエンスや AI が実世界でどのよ
うに活用されているかを紹介して頂いた。各自の専門分野に合わせて，まずは
興味を持てる所から読んでもらい，自分にあった数理・データサイエンス・AI
との，これからの付き合い方をイメージしてもらいたい。

　さて，大学を卒業するまでに勉強しなくてはいけない専門科目がたくさんあ
るなかで，数理・データサイエンス・AI を勉強するのは大変だなぁと思う人も
多いだろう。実際，本書の内容を完全にマスターしたとしても，最先端のデー
タサイエンス・AI 技術を使いこなせるには，まだ相当長い道のりが待ってい
る。いったい，自分は何を目標にして，どこまでやればよいのだろうか？

　図 1 は，政府が 2025 年までの達成を目標としているレベル別人材育成のス
キームである。この育成目標のベースに位置するのが「リテラシー」レベルで
あり，大学・高専卒業者全員（50 万人/年）が対象である。このリテラシーレ
ベルを修了するには，本書の第 1 章から第 3 章までの内容を習得すればよい。
よって，読者の皆さんが知りたいのは，どのようにして次のレベルの「応用基
礎」を修了し，高専・大学生の 50% の仲間入りができるかだろう。これには，

表1　データサイエンティスト スキルレベルの定義

スキルレベル	判断基準
Senior Data Scientist (業界を代表するレベル)	
Full Data Scientist (棟梁レベル)	★★★の項目のうち 50% を満足
Associate Data Scientist (独り立ちレベル)	★★の項目のうち 60% を満足
Assistant Data Scientist (見習いレベル)	★の項目のうち 70% を満足

一般社団法人データサイエンティスト協会 スキルチェックリストを一部改変して引用

　残りの第4章から第8章の内容を理解し，確率統計，解析学，線形代数などの基礎数学を習得した上で，専門教育で提供されるデータサイエンス・AI関連科目を習得する必要がある。但し，専門教育にデータサイエンス・AI関連科目がない場合，オンライン講座や書籍などを使って自学自習するしかなく，その場合，どのような能力を身に付けたらよいかの基準が欲しいところだろう。この参考として欲しいのが，一般社団法人データサイエンティスト協会が提供している「スキルチェックリスト」である。

　表1は，データサイエンティスト協会が示しているスキルレベルの定義である。スキルレベルは，上から「業界を代表するレベル」，「棟梁レベル」，「独り立ちレベル」，「見習いレベル」の4段階ある。各スキルレベルは，さらに図2に示すスキルカテゴリに分かれており，図1の応用基礎の修了を目標とするなら，データサイエンス力の見習いレベルをマスターすることであろう。マスターすべき項目の詳細は，データサイエンティスト協会のホームページを参照して頂きたいが，例えば，以下のような項目が並んでいる。

- 相関関係と因果関係の違いを説明できる。
- ROC曲線，AUCを用いてモデルの精度を評価できる。
- 教師あり学習の分類（判別）モデルと教師なし学習のグループ化（クラスタリング）の違いを説明できる。
- 外れ値・異常値・欠損値とは何かそれぞれ知っていて，指示のもと適切に検出と除去・変換などの対応ができる。
- 過学習とは何か，それがもたらす問題について説明できる。

恐らく，本書を理解していれば，いくつかは答えられるだろう。しかし，見習いレベルのデータサイエンス力には86項目あり，その70%である約60項目

スキルカテゴリ一覧							
データサイエンス力	1	基礎数学	24	データエンジニアリング力	1	環境構築	28
	2	予測	23		2	データ収集	18
	3	検定/判断	7		3	データ構造	11
	4	グルーピング	12		4	データ蓄積	18
	5	性質・関係性の把握	15		5	データ加工	14
	6	サンプリング	5		6	データ共有	15
	7	データ加工	15		7	プログラミング	24
	8	データ可視化	38		8	ITセキュリティ	16
	9	分析プロセス	4			(項目数)	144
	10	データの理解・検証	23	ビジネス力	1	行動規範	15
	11	意味合いの抽出、洞察	4		2	契約・権利保護	9
	12	機械学習技法	39		3	論理的思考	16
	13	時系列分析	9		4	着想・デザイン	7
	14	言語処理	16		5	課題の定義	17
	15	画像・動画処理	10		6	データ入手	3
	16	音声/音楽処理	6		7	ビジネス観点のデータ理解	6
	17	パターン発見	3		8	分析評価	3
	18	グラフィカルモデル	4		9	事業への実装	7
	19	シミュレーション/データ同化	5		10	活動マネジメント	30
	20	最適化	9			(項目数)	113
		(項目数)	271				
項 目 数 合 計							528

一般社団法人データサイエンティスト協会 スキルチェックリストを一部改変して引用

図2 スキルカテゴリ一覧

に合格しないといけないことを考えると，見習いレベルのマスターもそう簡単でないことがわかる。しかし，将来の尖ったデータサイエンティストを目指す諸君には，大学在学中でのマスターを是非目指して欲しい。

　最後に，図1の「エキスパート」レベルに到達するには，どうしたらよいかについて考えてみたい。少なくとも，エキスパートとして認められるには，表1の「独り立ちレベル」になることが求められるだろう。さらに「トップクラス」を目指すなら「棟梁レベル」や「業界を代表するレベル」を目指すことになると思われるが，実務経験を積めない学部や大学院学生が，このレベルを目指すのは現実的でない。では，「独り立ちレベル」はどうだろうか？ これを目指す上でハードルになるのが，実課題におけるデータエンジニアリング力とビジネス力を磨く機会を得ることである。これには，研究室に所属してからデータサイエンス関連の企業と共同研究に従事することが考えられるが，これは誰でもができるわけではない。そこで覚えておいて欲しいのが，コンペ形式で実課題が提供されているコンテストサイトの存在である。世界的には，Kaggle

が最も有名で，日本では SIGNATE など，いくつかのサイトがある。企業や大学がデータサイエンスコンペを開催することもあり，このような企画に積極的にチャレンジすることで，独学でもスキルを磨くことができる。

　本書を読み終えたばかりの諸君にとって，なんだか雲をつかむような話にしか聞こえないかもしれない。しかし，スキルチェックリストをもとに地道に勉強し，コンテストにチャレンジして課題解決スキルを磨けば，案外，エキスパートへの道は開けるかもしれない。

問題の解答

1章

問 1.1 e

解説：IDC は，世界中で毎年生成および消費されるデータの量を測定してい
ます。IDC が 2020 年 5 月に発表した調査結果によるデータの量は，2010 年
から単純計算 10 年間で約 60 倍に増加していました。以前から増加傾向にあ
るものの，2020 年については新型コロナウイルス感染症 (COVID-19) 対策
として在宅勤務者の増加が影響するということです。在宅勤務により，ビデ
オ会議でやり取りされるデータが増えるためだそうです。さらに，外出自粛
でストリーミングやダウンロードのビデオ配信サービスを利用する人の増加
も，データ量が増える要因だとしました。

問 1.2 a, b, c, d

解説：すべて正解です。Yahoo 乗換案内は，出発地と目的地を入力すれば，
路線ルートや料金などを表示してくれる便利なサービスです。このサービス
では，出発地と目的地，および出発（到着）日時のデータがセットとなって
蓄積されており，検索数の推移を AI で算出し，混雑傾向を予測します。混
雑傾向は，ルート検索結果画面上で「乗客が少ない時間帯」,「乗客がやや少
ない時間帯」,「乗客がやや多い時間帯」,「乗客が多い時間帯」の 4 段階で表
示します。

　Instagram は Facebook 社が提供している無料の写真共有 SNS ツール
のことであり，略してインスタと呼ばれることが多いです。インスタから，
「フォロワーの性別・年齢 構成比」,「プロフィール閲覧率」,「プロフィール
URL クリック率」,「位置情報リンククリック数」などの情報を取得できま
す。Facebook 社はインスタを活用し，投稿された膨大な写真やタグ情報を
AI に学習させ，これを別のタスクに応用する「転移学習」を用いることで，
ポルノや暴力，犯罪に関連する写真のフィルタリングに利用しています。

　「IC チップ付きの交通カード」には駅の改札でタッチ＆ゴーをする IC チッ
プ付きの交通カード (Suica や PASMO など) などがあります。このカード
は利用客が電車に乗る際の支払いに使われるだけではなく，タッチした際の
情報が改札機を通して鉄道会社に送られ，自社内システムで利用されてい

ます。

　「電子カルテ」とは，従来医師が診療の経過を記入していた，紙のカルテを電子的なシステムに置き換え，電子情報として編集・管理する仕組み，またはその記録のことです。AIの性能を高めるには，大量のデータ（ビッグデータ）が必要です。一般的に，診療のカテゴリーごとに少なくとも5000，人間の能力に匹敵するには1000万の教師付きデータが必要だと言われます。

問 1.3　aは1次データ，bは2次データ，cは2次データ，dは1次データ

問 1.4　b, c, d

解説：aとeはデータの本体，メタデータではありません。

問 1.5　図1.5の複合グラフにおいては，3種類の時系列データが件数であり，またその値も大体100件から7000件の間に収まっているので，共通の目盛りで表すことができる。一方，図1.6の複合グラフでは，2つのデータは人数であるが，3つ目の折れ線グラフの陽性率データがパーセントの比率なので，異なる目盛りの2軸が必要になる。また，陽性率は，10より小さい値なので，無理に1軸に収めると，陽性率のデータがグラフでは判別できなくなる。

問 1.6　a, b, d

解説：c, eは構造化データです。

問 1.7　a, b, e

解説：c, dはAIの得意分野と捉えます。

問 1.8　参考解答：例えば，直近では，マスクを着用したままでも検温できる「AI検温」が例として挙げられます。新型コロナウイルス感染症（COVID-19）の感染拡大に伴い，マスクの着用が推奨されるようになりました。マスクの着用は，感染拡大を防ぐ上では極めて重要な対策のひとつと言えますが，顔認証が必要となる場面においてはマスクが認証の妨げになってしまうケースも少なくありません。そこで，AI顔認識技術と赤外線カメラを活用することで「マスクを着用している人の体温も測定できる」，つまりマスクを着用したままでも検温できる「AI検温」が誕生しました [38]。

2 章

問 2.1 (1) 性別は質的な項目，年齢は量的な項目，世帯人数は量的な項目，郵便番号は質的な項目です。郵便番号は地域を区別するために数字を用いただけのものなので質的な項目と考えます。

(2) 適切でないと考えられます。気温 (°C) はその間隔のみが意味を持つと考えます。

解説：絶対温度 (K) と呼ばれる単位で考えると「〜倍温度が高い」という表現が意味をもちます。30°C と 15°C をそれぞれ絶対温度に直すと，おおよそ 303K と 288K となります。つまり「絶対温度によって，神戸は札幌よりおおよそ $303/288 ≒ 1.052$ 倍温度が高い」という表現は正しいといえます。

(3) (a) 適切でないと考えられます。平均時速の計算は次のようにして行います。片道の長さを d とおくとバスが移動した距離は $2d$ となります。往復にかかった時間は $\frac{d}{30} + \frac{d}{20} = \frac{d}{12}$ 時間です。「移動距離」から「かかった時間」を割れば「(平均の) 速さ」が求まりますから，

$$2d \div \frac{d}{12} = 24$$

で平均の速さは時速 24km となります。

(b) 適切でないと考えられます。増加率は割合です。初めの年の人口を n 人とし，1 年後，2 年後の人口はそれぞれ

$$n \times \frac{110}{100}, \quad n \times \frac{110}{100} \times \frac{140}{100}$$

となります。この場合，増加率の平均を求めるにはまず 2 乗して $\frac{110}{100} \times \frac{140}{100}$ となる正の数を求める必要があります。電卓で計算するとおおよそ 1.24 であることがわかります。つまり平均の人口増加率はおおよそ 24% となります。ここで

$$n \times \frac{124}{100} \times \frac{124}{100}$$

で (おおよそ) 2 年後の人口となることに注意してください。

問 2.2 (1) 言えないと考えられます。標準偏差は 20 年で 2 倍以上となっていますが，直観的にはそれほど格差が進んでいないように感じられます。実際，年収において「150 万円と 200 万円の差 50 万円」と「1000 万円と 950 万円の差 50 万円」では同じ 50 万円という数値ですが，意味が異なるといえます。平均からの差を使って標準偏差は計算されますが，22 歳

時と 44 歳時ではその差の意味が異なるので，そのままでは比較することができません。

解説：このように比べたい数値の平均が著しく異なる場合，変動係数と呼ばれる指標を用います。変動係数は標準偏差を平均値で割ったものです。22 歳時の年収の変動係数は $70.7 \div 200 = 0.35$ で，42 歳時の年収の変動係数は $204.0 \div 1170 = 0.17$ です。変動係数は減っているので実際には格差はむしろ小さくなっていると考えられます。

(2) (a) 平均は 5 点足されての 55 点となります。その理由を説明します。もとの点数を $x_1, \ldots, x_N$ とします。ここで N は受験者数です。もとの点数での平均は $\frac{x_1 + \cdots + x_N}{N}$ です。もとの点数に 5 点足されると，それぞれの点数は $x_1 + 5, \ldots, x_N + 5$ となります。その平均は

$$\frac{(x_1 + 5) + \cdots + (x_N + 5)}{N} = \frac{x_1 + \cdots + x_N + 5N}{N} = \frac{x_1 + \cdots + x_N}{N} + 5$$

となり，もとの平均に 5 が足されたものになります。

次に分散ですが，分散は 5 点足されても変わりません。なぜなら 5 点足された後の分散は

$$\frac{\{(x_1 + 5) - 55\}^2 + \cdots + \{(x_N + 5) - 55\}^2}{N}$$

です。ここで 55 という数は 5 点足された後の平均点です。

$$\frac{\{(x_1 + 5) - 55\}^2 + \cdots + \{(x_N + 5) - 55\}^2}{N}$$
$$= \frac{(x_1 - 50)^2 + \cdots + (x_N - 50)^2}{N}$$

と変形でき，この右辺はちょうどもとの点数での分散ですから，5 点足されても分散は変わらないことがわかります。標準偏差は，分散の正の平方根です。分散はこの操作で変わらないので，標準偏差もこの操作で変わりません。つまり答えは，5 点加えられると平均点 55 点，分散は 100，標準偏差は 10 点になります。

(2) (b) 平均は 2 倍の 100 点となります。その理由を説明します。もとの点数を上と同じく $x_1, \ldots, x_N$ とします。もとの点数を 2 倍すると，それぞれの点数は $2x_1, \ldots, 2x_N$ となります。その平均は

$$\frac{2x_1 + \cdots + 2x_N}{N} = \frac{2(x_1 + \cdots + x_N)}{N} = 2 \times \frac{x_1 + \cdots + x_N}{N}$$

となり，もとの平均を 2 倍したものになります。分散は $4(= 2^2)$ 倍の 400 となります。なぜなら 2 倍された後の分散は $\frac{(2x_1-100)^2+\cdots+(2x_N-100)^2}{N}$ です。ここで 100 という数は 2 倍された後の平均点です。

$$\frac{\{2(x_1-50)\}^2+\cdots+\{2(x_N-50)\}^2}{N}$$
$$=\frac{\{4(x_1-50)^2+\cdots+4(x_N-50)^2\}}{N}$$
$$=4\times\frac{(x_1-50)^2+\cdots+(x_N-50)^2}{N}$$

と変形でき，最後の式はちょうどもとの点数での分散の 4 倍です。これで分散は 4 倍になることがわかりました。標準偏差は，分散の正の平方根です。今，分散は 400 となったので，2 乗して 400 となる正の数を求めれば標準偏差がわかります。今回標準偏差は 20 点となります。つまりもとの点数を 2 倍すると標準偏差は 2 倍されます。つまり答えは，2 倍されると平均点 100 点，分散は 400，標準偏差は 20 点になります。

問 2.3 (1) 例えば喫煙という第 3 の変数が考えられます。喫煙者はコーヒーをよく飲む傾向があり，また喫煙者は心筋梗塞になりやすい傾向があります。つまりコーヒー消費量と心筋梗塞の間に正の相関がみられたのは喫煙を第 3 の変数とする擬似相関なのではないかと疑われます。つまりこの正の相関の要因を因果関係とするのは無理があります。

(2) 因果関係の有無を白黒つけるためには実験研究を行うことが考えられます。この実験研究は次のような手順で行います。まずサンプルを集めます。そしてサンプルをランダムに 2 つのグループに分けます。その後，あらかじめ定めておいた期間，片方のグループには（よく）コーヒーを飲んでもらい，もう片方のグループにはコーヒーを（あまり）飲まないようにしてもらいます。そして，それぞれのグループで心筋梗塞になりやすいかを検証します。もし飲むグループが，飲まないグループに比べて，心筋梗塞になりやすいと認められれば因果関係があると推論できます。ここでのポイントは，喫煙のような他の条件からの影響がないようにすることです。例えばグループを，コーヒーを飲む人とコーヒーを飲まない人に分けたとします。すると，コーヒーを飲むグループに喫煙者が多く入ってしまう可能性があります。そのようになってしまうと喫煙の影響を受けてしまい，正しい結論が得られません。コーヒーを飲むグルー

プの中に非喫煙者もまんべんなく存在しなくてはなりません。実験研究
では，初めにコーヒーを飲む飲まないに関係なく 2 つのグループに分け
ることで，まんべんないグループを作ることができます。

このような研究を行ったとしても，サンプルの選び方によって多少結果
が変わるかもしれません。本当は 2 つのグループに（心筋梗塞のなりや
すさに）差がないにも関わらず偶然，差がでてしまうかもしれません。
実験研究では，たとえ差がでたとしても，その差が偶然でたものではな
いことを示す必要があります。偶然でないことを示す方法を検定と言い
ます。この検定については 4 章でそのアイデアを簡単に説明します。

問 2.4 (1) 例えば Google で「excel スプレッドシート 違い」などと検索してみま
しょう。

(2) 例えば `http://www.okadajp.org/RWiki/?R+` のインストール に解説
があります。他にも多数ダウンロードの方法を解説したウェブサイトが
あります。

(3) Python の公式サイトは `https://www.python.org` (英語) です。日
本語で解説しているウェブサイトもあるので Google で検索してみま
しょう。

問 2.5 (1) このページからファイルをダウンロードすることができます：
`https://www.e-stat.go.jp/stat-search/files?page=1&layou`
`t=datalist&toukei=00200521&tstat=000001011777&cycle=0&tc`
`lass1=000001094741&stat_infid=000031524010`

(2) これらのページからファイルをダウンロードすることができます：
`https://www.e-stat.go.jp/stat-search/files?page=1&layou`
`t=datalist&toukei=00450171&tstat=000001041744&cycle=7&ye`
`ar=20120&month=0&tclass1=000001064370`
`https://www.e-stat.go.jp/stat-search/files?page=1&layou`
`t=datalist&toukei=00450012&tstat=000001031336&cycle=7&ye`
`ar=20150&month=0&tclass1=000001060945&tclass2=0000011097`
`55`

(3) 回帰直線の式と R^2 値はそれぞれ

$$y = -0.0619x + 82.743$$
$$R^2 = 0.1495$$

となります。

(4) $y = -0.0619x + 82.743$ の x に 30 を代入して y の値を求めます。

$-0.0619 \times 30 + 82.743$ の計算結果はおおよそ 80.9 なので，答えはおおよそ 80.9 歳となります。

3 章

問 3.1 ウェブ等で，挙げられているキーワードを検索してみよう。1 つだけでなく，いろいろなサイトを検索して，意見を集めよう。

問 3.2 ウェブ等で検索して，関係するいろいろな事例を調べてみよう。

4 章

問 4.1 (1) A さんが当たりを引く確率は $\frac{4}{20}$ です。A さんが当たりを引いたとき，残りの 19 本のうち当たりくじは 3 本です。B さんは，19 本のうち当たりくじは 3 本であるくじを引きます。当たりの出る確率は $\frac{3}{19}$ です。よって答えは

$$\frac{4}{20} \times \frac{3}{19} = \frac{3}{95}$$

(2) A さんがハズレを引く確率は $\frac{16}{20}$ です。A さんがハズレを引いたとき，残りの 19 本のうち当たりくじは 4 本です。B さんは，19 本のうち当たりくじは 4 本であるくじを引きます。当たりの出る確率は $\frac{4}{19}$ です。よって答えは

$$\frac{16}{20} \times \frac{4}{19} = \frac{16}{95}$$

(3) 今回は A さんが当たりを引いたのか，ハズレを引いたのかは気にしません。このような場合，A さんが当たりを引いた場合と，ハズレを引いた場合に場合わけします。それぞれの確率を計算し，それらを足すことで答えを出すことができます。今回，A さんが当たりを引いて B さんも当たりを引く確率は (1) より $\frac{3}{95}$ です。A さんがハズレを引いて B さんが当たりを引く確率は (2) より $\frac{16}{95}$ です。よって答えは

$$\frac{3}{95} + \frac{16}{95} = \frac{19}{95}$$

問 4.2 (1) Excel で次のように計算できます：

$$=\text{BINOM.DIST}(5,10,1/2,\text{FALSE})$$

この計算結果はおおよそ 0.246 になります。

(2) Excel で次のように計算できます：

$$=\text{BINOM.DIST}(10,20,1/6,\text{FALSE})$$

この計算結果はおおよそ 0.0005 になります。

問 4.3 (1) 公式 (4.2) を使って計算します。

$$E(X) = 10 \times \frac{1}{2} = 5, \quad V(X) = 10 \times \frac{1}{2} \times \left(1 - \frac{1}{2}\right) = 2.5$$

標準偏差は Excel で「=SQRT(2.5)」で計算できます。標準偏差はおおよそ 1.58 になります。

(2) 公式 (4.2) を使って計算します。

$$E(X) = 20 \times \frac{1}{6} \fallingdotseq 3.33, \quad V(X) = 20 \times \frac{1}{6} \times \left(1 - \frac{1}{6}\right) \fallingdotseq 2.78$$

標準偏差は Excel で「=SQRT(2.78)」で計算できます。標準偏差はおおよそ 1.67 になります。

問 4.4 (1) Excel で次のように計算できます：

$$=\text{NORM.S.DIST}(-(60\text{-}100*1/2)/\text{SQRT}(100*(1\text{-}1/2)*(1/2)),\text{TRUE})$$

この計算結果はおおよそ 0.023 になります。

(2) Excel で次のように計算できます：

$$=\text{NORM.S.DIST}((30\text{-}200*1/6)/\text{SQRT}(200*(1/6)*(1\text{-}1/6)),\text{TRUE})$$

この計算結果はおおよそ 0.264 になります。

問 4.5 この地域における血液型が O 型である人の割合が 30% であると仮定します。このとき 1000 人の中で血液型が O 型である人数が 270 人以下である確率は

$$=\text{NORM.S.DIST}((270\text{-}1000*30/100)/\text{SQRT}(1000*(30/100)*(1\text{-}30/100)),$$
$$\text{TRUE})$$

で計算できます。計算結果はおおよそ 0.019 です。これは 0.05 を下回りますので，この地域における O 型の人の割合は 30% よりも少ないと言えます。

5 章

問 5.1 学習モデルがトレーニングデータに対して過度にフィッティングし，**トレーニング誤差**は小さいが，汎化性能が低下した（**テスト誤差**は大きくなった）状態をいう。**トレーニングデータ（サンプル）の数**に対して，**モデルの複雑さ**が高すぎることが原因である。

問 5.2 トレーニング誤差：0.291 [kcal]，テスト誤差：0.590 [kcal]

問 5.3 図 5.23 より，主成分 2 つでもとデータのばらつきの約 76% が説明可能（1 つなら約 54%，3 つなら約 89%）である。表 5.7 より，第 1 主成分では，エネルギー，灰分が大きな正の作用を，水分が負の作用を持つことが分かる。これを踏まえて図 5.24 を見ると，左側（第 1 主成分が小さい方向）には水分が多く，カロリー，灰分が少ないゼリーが，右側（第 1 主成分が大きい方向）には水分が少なく，カロリー，灰分が高めのポテトチップスやチョコレート等が集まっている。同様に，第 2 主成分では，炭水化物に正，たんぱく質が負の大きな作用を持っていることが読み取れる。グラフでは，ゼリービーンズ，ラムネ，マロングラッセなど，グラム当たりの炭水化物量が多く，たんぱく質の少ない砂糖菓子系が上方向に集まっている。

問 5.4 第 1・第 2 主成分を軸に取った散布図（図 1）を見ると，グー，チョキ，パーがそれぞれクラスタを構成しており，線形判別器などで概ね判別できそうである。しかし，第 1・第 2 主成分の空間ではパーとチョキが一部混ざっており，より高精度の分類を達成するには非線形な手法が必要かもしれない。ただし，第 2 主成分までの累積寄与率は 78%，第 3 主成分も 10% 程度の寄与率を持っている（図 2）ので，第 3 主成分までを考慮することで線形分離可能であるかもしれない。

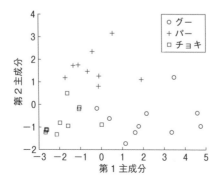

図 1 じゃんけんデータの主成分プロット

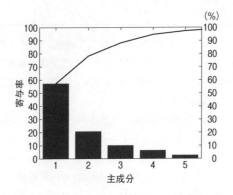

図 2　じゃんけんデータの寄与率・累積寄与率

引用・参考文献

[1] Diego Ardila, Atilla P. Kiraly, Sujeeth Bharadwaj, et al., *End-to-end lung cancer screening with three-dimensional deep learning on low-dose chest computed tomography*, Nature Medicine, 25, 954–961, (2019).

[2] Andrea d'Avella, Philippe Saltiel, Emilio Bizzi, *Combinations of muscle synergies in the construction of a natural motor behavior*, Nature Neuroscience, 6(3), 300–308, (2003).

[3] Baseball Savant,
`https://baseballsavant.mlb.com/`.

[4] CHRISTIE'S, *Is artificial intelligence set to become art's next medium?*,
`https://www.christies.com/features/A-collaboration-between-two-artists-one-human-one-a-machine-9332-1.aspx`.

[5] CNBC International, *Deepfake technology will make you question what's real*,
`https://www.youtube.com/watch?v=IKU2EZQvK1c&feature=youtu.be`, (2020).

[6] David H. Wolpert, *The lack of a priori distinctions between learning algorithms*, Neural Computation, 8(7), 1341–1390, (1996).

[7] De Veaux D.R., *Curriculum Guidelines for Undergraduate Programs in Data*, Annual Review of Statistics and Its Application, 4, 15–30, (2017).

[8] Feng-hsiung Hsu, Murray Campbell, A.Joseph Hoane Jr., *Deep blue*, *Artificial Intelligence*, 134(1-2), 57–83, (2002).

[9] ImageNet,
`http://image-net.org/index`.

[10] Richard Socher, Li-Jia Li, Kai Li, et al., *Imagenet: A large-scale hierarchical image database*, In IEEE Computer Vision and Pattern Recognition (CVPR), 417–426, (2009).

[11] Laney D, *3-D Data Management: Controlling Data Volume, Velocity and Variety*, META Group, (2001).

[12] David Silver, Aja Huang, Chris J. Maddison, et al., *Mastering the game of go with deep neural networks and tree search*, Nature, 529, 484–489, (2016).

[13] Tom Mitchell, *Machine Learning*, McGraw-Hill Science Engineering, (1997).

[14] NVIDIA, *GauGAN: Changing Sketches into Photorealistic Masterpieces*,
`https://www.youtube.com/watch?v=p5U4NgVGAwg&feature=youtu.be`, (2019 年 3 月 8 日).

[15] SAS,
`https://www.sas.com/ja_jp/insights/analytics/what-is-artificial-intelligence.html`, (2010 年 04 月 06 日).

[16] Arthur L. Samuel, *Some studies in machine learning using the game of checkers*, IBM Journal of Research and Development, 3(3), 210–229, (1959).

[17] Adam Summerville, Sam Snodgrass, Matthew Guzdial, et al., *Procedural content generation via machine learning (pcgml)*, IEEE Transactions on Games, 10(3),

257–270, (2018).

[18] Matthew Turk, Alex Pentland, *Eigenfaces for recognition*, Journal of Cognitive Neuroscience, 3(1), 71–86, (1991).

[19] Tao Xu, Pengchuan Zhang, Qiuyuan Huang, et al., *AttnGAN: Fine-Grained Text to Image Generation with Attentional Generative Adversarial Networks*, https://arxiv.org/abs/1711.10485, (2017).

[20] アイザック・アシモフ（小田麻紀 訳）, アイ・ロボット, 角川書店, (1950).

[21] 稲田修一, 知識ゼロからのビッグデータ入門, 幻冬舎, (2016).

[22] 岡村久和, IoT 時代のビッグデータビジネス革命, インプレス社, (2018).

[23] 株式会社クボタ, https://ksas.kubota.co.jp/, (2020 年 9 月 1 日).

[24] 株式会社セブン銀行, https://www.sevenbank.co.jp/corp/news/2019/pdf/2019091201.pdf, (2019 年 9 月 12 日).

[25] 株式会社大林組, https://www.obayashi.co.jp/news/detail/news20190718_1.html, (2019 年 7 月 18 日).

[26] 萱村俊哉, 人間の知能と人工知能 (AI) の差異をめぐる雑考, 武庫川女子大学情報教育研究センター紀要, 25, 8–11, (2016).

[27] 経済産業調査会, 新産業構造ビジョン：第 4 次産業革命をリードする日本の戦略, 経済産業省, (2017).

[28] 国立研究開発法人 新エネルギー・産業技術総合開発機構, NEDO ロボット白書 2014, https://www.nedo.go.jp/library/robot_hakusyo.html, (2014).

[29] 小谷善行, 第 3 回将棋電王戦を振り返って：3. コンピュータ将棋の棋力の客観的分析—人間のトップに到達したか？ —, 情報処理, 55(9), 851–852, (2014).

[30] 松尾豊, 人工知能は人間を超えるか, KADOKAWA, (2015).

[31] 野口悠紀雄, AI 入門講座 人口知能の可能性・限界・脅威を知る, 東京堂出版, (2018).

[32] 総務省, ICT の進化が雇用と働き方に及ぼす影響に関する調査研究, https://www.soumu.go.jp/johotsusintokei/linkdata/h28_03_houkoku.pdf, (2016).

[33] 東京海上日動火災保険株式会社, AI 技術とドライブレコーダー映像を活用した「事故状況再現システム」の導入, https://www.tokiomarine-nichido.co.jp/company/release/pdf/200317_01.pdf, (2020 年 3 月 17 日).

[34] 内閣府, Society 5.0, https://www8.cao.go.jp/cstp/society5_0/, (2016).

[35] 内閣府, Society 5.0 とは, https://www8.cao.go.jp/cstp/society5_0/society5_0.pdf, (2016).

[36] 内閣府, オープンデータ基本指針, 政府 CIO ポータル—Government Chief Information Officers' Portal, Japan, https://cio.go.jp/sites/default/files/uploads/documents/data_shishin.pdf, (2019).

[37] 総務省, 電気通信業者 10 社の全メールと迷惑メール数の割合 (2020 年 3 月時点), https://www.soumu.go.jp/main_content/000693529.pdf, (2020).

[38] 日本コンピュータビジョン株式会社, 全国のソフトバンクショップおよびワイモバイル

ショップ約 3,000 店に ai 検温ソリューションを導入,
https://www.japancv.co.jp/news/20200519/, (2020 年 9 月 20 日).

[39] 日立建機株式会社,
https://www.hitachicm.com/global/jp/news-jpn/press/20-07-02j/, (2020 年 7 月 2 日).

[40] 富士通総研, AI 活用アセスメントサービス,
https://www.fujitsu.com/downloads/JP/group/fri/service/ai-assessment.pdf, (2018).

[41] 安宅和人, シン・ニホン AI ×データ時代における日本の再生と人材育成 (NewsPicks パブリッシング), (2020).

[42] 個人情報保護法,
https://elaws.e-gov.go.jp/search/elawsSearch/elaws_search/lsg0500/detail?lawId=415AC0000000057.

[43] 著作権法,
https://elaws.e-gov.go.jp/search/elawsSearch/elaws_search/lsg0500/detail?lawId=345AC0000000048.

[44] 不正競争防止法,
https://elaws.e-gov.go.jp/search/elawsSearch/elaws_search/lsg0500/detail?lawId=405AC0000000047.

[45] GDPR,
https://eur-lex.europa.eu/legal-content/EN/TXT/?uri=CELEX%3A32016R0679.

[46] AI 社会原則,
https://www8.cao.go.jp/cstp/aigensoku.pdf.

[47] 政府機関等の情報セキュリティ対策のための統一基準群,
https://www.nisc.go.jp/active/general/kijun30.html.

[48] 高等教育機関における情報セキュリティポリシー策定について,
https://www.nii.ac.jp/service/sp/.

[49] 個人情報保護委員会 匿名加工情報制度について,
https://www.ppc.go.jp/personalinfo/tokumeikakouInfo/.

[50] 匿名加工情報の適正な加工の方法に関する報告書,
https://www.nii.ac.jp/research/reports/pd/report-kihon-20170221.pdf.

[51] BitLocker,
https://support.microsoft.com/ja-jp/help/4028713/windows-10-turn-on-device-encryption.

[52] JIS X 0001 情報処理用語,
http://www.ny.ics.keio.ac.jp/ipsjts1/2nd-ver/htm/x0001.htm.

[53] 総務省, Wi-Fi のセキュリティに関するガイドライン,
https://www.soumu.go.jp/main_sosiki/cybersecurity/wi-fi/.

[54] 国吉康夫, 人工知能の将来と人間・社会, 科学社会論研究, 16, 15–29, (2018).

[55] サイバーエージェント秋葉原ラボ編, データマイニングエンジニアの教科書 シーアンドアール研究所, (2019).

[56] 山本順一, 研究者が知っておくべき研究倫理と著作権制度, 桃山学院大学経済経営論集, 59(1), 21-62, (2017).

[57] 大谷卓史, 情報倫理—技術・プライバシー・著作権, みすず書房, (2017).

[58] 山田恒夫, 辰己丈夫, 情報セキュリティと情報倫理, 放送大学教育振興会, (2018).

[59] 竹村彰通, データサイエンス入門, 岩波新書, (2018).
[60] e-Stat, 政府統計の総合窓口,
     https://www.e-stat.go.jp/.
[61] 気象庁,
     https://www.jma.go.jp/jma/index.html.
[62] 経済産業省, 新産業構造ビジョン—第 4 次産業革命をリードする日本の戦略, (2016).
[63] 国立研究開発法人新エネルギー・産業技術総合開発機構, Nedo ロボット白書 2014,
     https://www.nedo.go.jp/library/robot_hakusyo.html, (2020 年 9 月 20 日).
[64] 日本食品標準成分表 2015 年版 (七訂),
     http://fooddb.mext.go.jp/.
[65] AI 戦略 2019 ～人・産業・地域・政府全てに AI～,
     https://www.kantei.go.jp/jp/singi/ai_senryaku/pdf/aistratagy2019.pdf,
     (2019 年 6 月 11 日).
[66] 数理・データサイエンス・AI (リテラシーレベル)モデルカリキュラム～データ思考の涵養～,
     http://www.mi.u-tokyo.ac.jp/consortium/pdf/model_literacy.pdf, (2020 年 4
     月).
[67] Judea Pearl, *Probabilistic Reasoning in Intelligent Systems: Networks of Plausible Inference*, Morgan Kaufmann Publishers Inc., (1988).
[68] 本村陽一, 岩崎弘利, ベイジアンネットワーク技術—ユーザ・顧客のモデル化と不確実性推論
     —, 東京電機大学出版局, (2006).
[69] 本村陽一, 西田佳史, ベイズ推定における事前分布のグラフ構造モデリングと実生活行動理
     解, 情報処理学会論文誌コンピュータビジョンとイメージメディア,48(SIG9 (CVIM 18)),
     43–56, (2007).
[70] 本村陽一, 次世代人工知能技術, 情報処理, 57(5), 466–469 (2016).
[71] 小野智弘, 本村陽一, 麻生英樹, ベイジアンネットによる映画コンテンツ推薦方式の検討, 電
     子情報通信学会技術研究報告ニューロコンピューティング, 104(348), 55–60 (2004).
[72] 日本野球機構, 阪神タイガース 2020 年度選手一覧,
     https://npb.jp/bis/teams/rst_t.html.
[73] 日本野球機構, 2019 年度セントラル・リーグ個人打撃成績,
     https://npb.jp/bis/2019/stats/bat_c.html.
[74] J リーグ, クラブ・選手名鑑, ヴィッセル神戸,
     https://www.jleague.jp/club/kobe/player/.
[75] 個人情報保護委員会, 令和 2 年 改正個人情報保護法について,
     https://www.ppc.go.jp/personalinfo/legal/kaiseihogohou/.
[76] 個人情報保護委員会, 個人情報保護法いわゆる 3 年ごと見直し制度改正大綱,
     https://www.ppc.go.jp/files/pdf/seidokaiseitaiko.pdf.

索　引

執筆者一覧

はじめに	齋藤 政彦	神戸大学 数理・データサイエンスセンター
第1章	平田 燕奈	神戸大学 数理・データサイエンスセンター
第2章	光明 新	神戸大学 数理・データサイエンスセンター
第3章	小川 賢	神戸学院大学 経営学部
第4章	光明 新	神戸大学 数理・データサイエンスセンター
第5章	為井 智也	神戸大学 数理・データサイエンスセンター
第6章	上田 修功	理化学研究所 革新知能統合研究センター
		NTT コミュニケーション科学基礎研究所
第7章	森永 聡	日本電気株式会社 データサイエンス研究所
第8章	本村 陽一	国立研究開発法人 産業技術総合研究所
		人工知能研究センター
おわりに	小澤 誠一	神戸大学 数理・データサイエンスセンター

編者略歴

齋 藤 政 彦
さい とう まさ ひこ

1980 年　京都大学理学部数学系卒業
1985 年　京都大学大学院理学研究科
　　　　　博士後期課程修了
1996 年　神戸大学理学部数学科教授
2017 年　神戸大学数理・データサイエン
　　　　　スセンター・センター長

小 澤 誠 一
お ざわ せい いち

1987 年　神戸大学工学部計測工学科卒業
1989 年　神戸大学大学院工学研究科
　　　　　計測工学専攻修士課程修了
1998 年　神戸大学博士（工学）
2011 年　神戸大学大学院工学研究科教授
2017 年　神戸大学数理・データサイエン
　　　　　スセンター　副センター長

羽 森 茂 之
は もり しげ ゆき

1986 年　神戸大学大学院経済学研究科
　　　　　博士後期課程修了
1991 年　デューク大学大学院経済学研究
　　　　　科博士課程修了（Ph.D.）
2003 年　神戸大学大学院経済学研究科教授

南 　 知 惠 子
みなみ　 ち え こ

1984 年　神戸大学文学部卒業
1988 年　ミシガン州立大学コミュニケー
　　　　　ション研究科修了
1993 年　神戸大学大学院経営学研究科
　　　　　後期課程退学
1998 年　神戸大学博士号（商学）
2004 年　神戸大学大学院経営学研究科教授
2020 年　神戸大学経営学域長，経営学研
　　　　　究科長，経営学部長

ⓒ　齋藤政彦・小澤誠一　　2021
　　羽森茂之・南知惠子

2021 年 3 月 19 日　　初 版 発 行
2021 年 10 月 7 日　　初版第 2 刷発行

データサイエンス講座 1
データサイエンス基礎

　　　　　　　　齋 藤 政 彦
　編　者　　　小 澤 誠 一
　　　　　　　　羽 森 茂 之
　　　　　　　　南 　 知 惠 子
　発行者　山 本 　 格

発 行 所　株式
　　　　　会社　培 風 館
東京都千代田区九段南 4-3-12・郵便番号 102-8260
電 話 (03)3262-5256 (代表)・振 替 00140-7-44725

三美印刷・牧 製本

PRINTED IN JAPAN

ISBN 978-4-563-01610-4　C3004